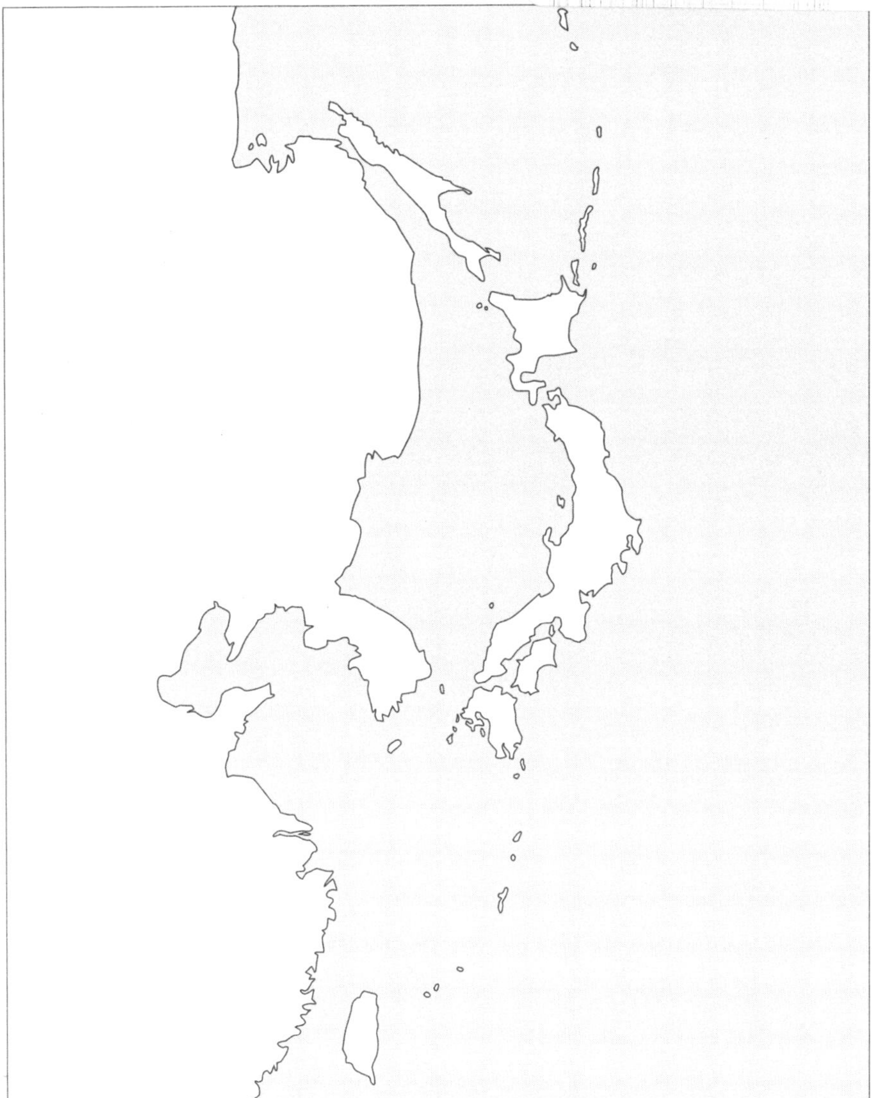

国際結婚論!?

歴史編

嘉本伊都子 著
Kamoto Itsuko

法律文化社

はじめに

国際結婚論⁉

「私，将来，国際結婚したいので，先生の講義楽しみにしています。」

初就職の場が女子大（京都女子大学現代社会学部）で，「国際結婚論」という講義を担当していると「どのようにしたら，カッコいいガイジンをゲットできるのか」という講義だと勝手に早合点する人がいます。残念ながらその期待を裏切ることになるでしょう。ゼミ生を中心とする女子学生との対話のなかから，現代社会の女性について多くのことを学びました。彼女たちが「国際結婚したい」という場合，十中八九，欧米の「白人」男性との国際結婚です。英語ができるのかと聞くと，英会話学校に通う努力すらしていないことも多いです。彼女たちにとって専業主婦をさせてくれるだけの稼ぎのある日本人男性を婚姻相手として選ぶことと，国際結婚という選択の差をあまり深刻には考えていないようです。おそらく，どちらも「普通の結婚」なのでしょう。だとしたら，なぜ国際結婚などという言葉があるのでしょうか。

〈白人・アメリカ人・英語を話す〉［関 2001：6］という条件を，彼が日本人で〈有名大学出身，大企業勤務，カッコイイ〉といった条件に入れ替えてみてはどうでしょうか？ 国際結婚を強く望まなくとも，「普通の結婚」を望む女性にはあてはまるのではないでしょうか。「自分自身の変化」を期待するのではなく，相手によって「自分自身が変化させられる」ことを期待しているタイプには，特に多いようです。なるほど，相手が「ガイジン」かどうかだけで，国際結婚も，国内結婚も同じではないかということを，女子学生から学びました。

カレン・ケルスキー（Karen Kelsky）というアメリカの大学で教えている女性研究者がいます。"Women on the Verge: Japanese Women, Western Dreams"（Duke University Press, 2001）という本で，ケルスキーは，日本社会の崖っぷち（verge）に立たされた日本人女性が「国際的な女性」になろうとしてなぜ英語を学ぶのかを，津田塾大学の創始者，津田梅子にまでさかのぼり，

図表 0-1 "日本人女性憧れのウエスタン・ドリーム"

18. Text reads: "At home I'm just a skinny, broke guy, but somehow in Japan I'm a ladies' man!") Source: Miyazaki Chieko, "Hansamuna gaikokujin dansei wa hontōni 'risō no dārin' ka?" (Is a handsome foreign man really your "ideal sweetheart"?), in Ishida Yōko, ed., *Marugoto onna no tenki: Itsukara demo yarinaosō* (The complete women's turning point: It's never too late to get your life in order). (Tokyo: Asupekuto), 144.

出典：K. Kelsky, *Women on the Verge : Japanese Women, Western Dreams*, Duke University Press, 2001, p. 155

事細かに論証しています。さらに「白人男性へのフェティッシュ」という章では，日本人女性憧れのウエスタン・ドリーム，「白人男性との国際結婚」を，日本の漫画を引用しながら解説しています（図表 0-1）。

なぜ，英語を学ぶことがカッコイイのか，英語を話せる人がカッコイイのでしょうか。さらにいえば，「大半の国民が英語を話す国家（アメリカ，カナダ，イギリス，オーストラリア，ニュージーランドなど，多様な人種がいるにもかかわらず，「白人」が国民だと思われている国をここでは意味します）の男性はカッコイイ」と，なぜ日本語を話す国民である日本国の女性は思うのでしょうか？

本講義は，第Ⅰ部と第Ⅱ部から成り立っています。第Ⅰ部は歴史編，第Ⅱ部は現代編で，姉妹編になっています。現代だけ興味がある人は，【現代編】だけ読んでもわかるように工夫しました。しかし，現代に起こっている出来事は，実は歴史の闇とつながっています。男と女の歴史という観点から捉えなおすことによって，「へぇ！」「なぜ!?」「なるほど！」などあなたの頭の中にたくさんの「!?」マークが浮かんでほしいという願いを込めて『国際結婚論!?』なのです。

なお，拙著『国際結婚の誕生―〈文明国日本〉への道』（嘉本伊都子，新曜社，

図表0-2　日本における国際結婚件数の推移

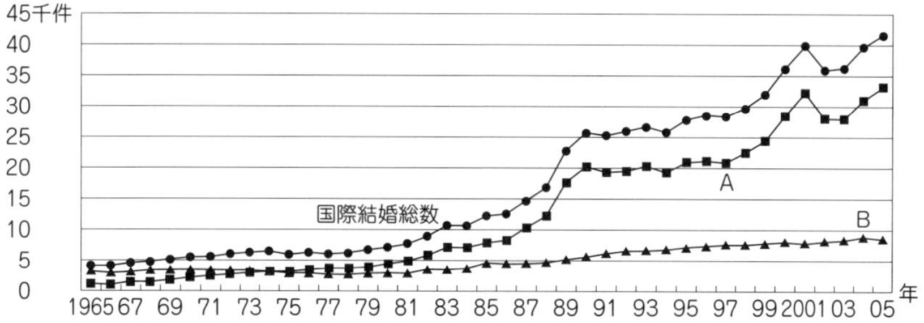

出典：『人口動態統計』（厚生労働省大臣官房統計情報部）各年より作成

2001年）をお読みくださった方は，【歴史編】の序と第1講から3講までの内容が重複している箇所がありますので，第4講からお読みください。姉妹編の【現代編】は，第二次世界大戦以後の日本を中心に，現代の国際結婚が抱えている問題を，図表の読み解きを交えながら講義していきます。

国際結婚をしているのは日本人男性？　日本人女性？

　毎年，日本人の国際結婚は増加の傾向にあります。では，どちらの組み合わせがより多いでしょうか。日本人男性と外国人女性配偶者の組み合わせの件数でしょうか，それとも日本人女性の国際結婚のほうでしょうか。講義や講演を依頼されると，この質問を投げかけます。この質問に対して，フロアは，どちらも半々ぐらいという反応が返ってきます。答えは「両方正解」です。

　図表0-2のグラフは，1965年以降の日本における「国際結婚件数の推移」を示しています。常に一番上にあるのは国際結婚の総数です。では，残りの2本のうち，どちらが日本人男性と外国人女性の結婚でしょうか？　ちなみにこのグラフで日本が高度経済成長を遂げていた期間はいつからいつまででしょうか？　学生のなかには，高度経済成長期を1980年代と言って平然としている人が多いことに驚きます。では，バブル経済はいつからいつまででしょう？　今，答えられない人は，即刻図書館に飛んでいくか，インターネットで検索してください。

　図表0-2の正解は，Aが日本人男性です。日本国内では，日本人男性のほ

うが国際結婚をしているのです。ところが，海外では逆転します。海外における日本人の国際結婚（詳しくは第Ⅱ部【現代編】第3講で解説します）は，日本人女性のほうが国際結婚をしています。「両方正解」という意味は，日本国内では日本人男性，国外では日本人女性のほうが多く国際結婚をしているので，「どこでの国際結婚か」で答えは異なってきますから，「両方正解」となるわけです。

　国際結婚論という講義を，大半が1980年代後半生まれで日本人男性と結婚していくであろう「ふつうのお嬢様」である女子学生を前提にしていきます。しかし，「なぜ日本人女性は国際結婚に憧れるのか」という問いは，グローバリゼーションが進む今日，同年代の日本人男性にも深刻な問題です。将来の伴侶が日本人とは限らなくなってきた世代，それが1985年以降に生まれた世代ではないかと考えています。そのような娘，息子をもつ親と子どもたちが話し合うきっかけに本書がなればと願っています。「ふつうのお嬢様」だけでなく，娘，息子をもつ親世代にも本書を手にとっていただいて，娘や息子に問いかける虎の巻になればとも思います。

男と女の関係を通して歴史感覚・国際感覚を身につける

　国際結婚という現象を通して日本の近・現代社会の成立，変遷を理解することが，国際結婚論の目的です。自分たちの歴史にとどまることなく，「自分たちと彼ら」との関係の歴史であり，それが，現代の複雑で多様な社会を生み出しているのだ，という歴史感覚を養ってほしいという願いがあるからです。なぜ，そのような歴史感覚を身につけることが必要なのでしょうか？「私は日本人男性と結婚するから関係ないわ」という人もいるかもしれません。しかし，あなた方の子どもたちの教室には，かならず1人は国際結婚による子どもがいる時代になっています。外国人が，隣人となる可能性も高まっています。

　日本は，超少子高齢社会になりました。図表0-3「わが国の人口構造の推移」を見てください。図表の読み解き方は【現代編】でエクササイズをしますが，本書のみを読まれる方も，この図表を使って「読み解き」に挑戦してみてください。図表を読み解くには，ものさし（定規）と鉛筆を用意しましょう。

図表０－３　わが国の人口構造の推移

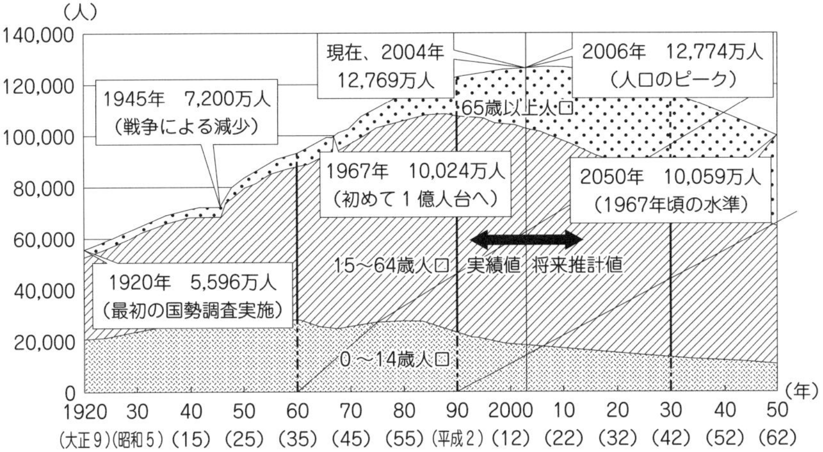
（人）
140,000
120,000
100,000
80,000
60,000
40,000
20,000
0
現在、2004年
12,769万人
2006年　12,774万人
（人口のピーク）
1945年　7,200万人
（戦争による減少）
65歳以上人口
1967年　10,024万人
（初めて１億人台へ）
2050年　10,059万人
（1967年頃の水準）
15～64歳人口
実績値
将来推計値
1920年　5,596万人
（最初の国勢調査実施）
0～14歳人口
（年）
1920　30　40　50　60　70　80　90　2000　10　20　30　40　50
（大正９）（昭和５）（15）（25）（35）（45）（55）（平成２）（12）（22）（32）（42）（52）（62）

出典：『少子化社会白書（平成17年度版）』のホーム・ページより引用
http://www8.cao.go.jp/shoushi/whitepaper/w-2005/17WebHonpen/html/h1130010.html　（2007年８月アクセス）

あなたは何年生まれですか？　あなたのご両親は何年生まれですか？　あなたが（または親が）社会人になるのは何年です（でした）か？　2030年にあなたは何歳になりますか？　両親は？　それぞれの年に縦に定規で補助線を引きましょう。

こうしてグラフを読み解く前に視点や起点をいくつか決めておくと，グッとグラフが身近なものになります。０～14歳までは義務教育期間ですから，労働力ではないですよね。15～64歳は生産年齢人口で，生産労働力人口が含まれています。この層がどのような働き方をし，どのように税金を納め，保険料を支払っていくかで，その人たちの家計，そして日本国の財政が決まります。一番上の65歳以上は「老年人口」で，一般的には65歳前後で定年を迎えるので，労働力人口だとはみなされない傾向があります。もちろん，元気な方は働いていらっしゃいます。2025年には，大規模な人口集団である団塊の世代が「後期高齢者」とされる75歳以上になります。

それぞれの「年」に，あなたはこの３つのグループのうちどこに含まれるでしょうか？　ドット（点）で書き込んでみて，それをものさしで斜めに引っ張

ると，あなたと両親の線が2つ，グラフの右側の高い位置へと線が引っ張られるのではないでしょうか。図には具体例として，1960年出生の親世代，90年出生の人のドットをたどる斜線を引きました。すると2030年には親が70歳，90年生まれの人は働き盛りの40歳です。親が40歳であった2000年のときと3つのグループの幅に注意してください。

　あなた方が家族を築く時代は，あなたの両親が家族を築いた時代とは異なる人口局面にすでに入っています。日本人の総人口は減少局面に入りました。しかし，少子化が大幅に改善される兆しはなく，間違いなく高齢者の人口は増加し続けます。確実に日本人だけでは日本社会を支えられなくなります。あなたは2050年，何歳ですか？　図表0-3には，2050年の総人口は1967年頃の水準になると書かれていますが，その中身はどうでしょう？　総人口のトータルは同じ水準かもしれません。0～14歳の人口の幅は，67年と比較すると半減するという予想です。15歳から64歳の人口，すなわち生産労働年齢のすべてが労働力として働いているわけではありません。正社員で働いていた人口を考えてみてください。1967年頃の男性の大半は正社員であったでしょう。また，OLと呼ばれた女性社員も正社員でした。40年後の2007年はどうでしょうか？　非正社員の数は，男女とも増えています。さらに2050年はどうなると思いますか？　65歳以上の人口は，67年時点の何倍に増えていますか？　支える人口は増えていますか？　支えるのは国ですか？　では，世帯主の収入はさらに減りますが，それでいいですか？　2008年，年金から医療保険が天引きになるという制度がスタートしましたが，この天引きされる額はますます大きくならざるをえません。あなた1人の存在をとっても両親，祖父母と歴史の連続の中にいることがわかると思います。

　アメリカで初のカトリックの大統領となったアイルランド系のJ. F. ケネディは，1961年の大統領就任演説で「国が国民にしてくれることは何かを問うな。自分たちが国家に何ができるかを問え」と言いました。これからの社会を担う若い世代は，ただ国を問うだけではなく，地球全体に何ができるかを自分自身に問わなくてはならないところまできています。

　日本社会を支えるのは，すでに日本人だけでは足りない状態にあります。そ

の足りない部分を外国からの「労働力」や「配偶者」が担っています。「労働力」としてではなく、「かれら」を「われわれ」と同じように、人間として、日本社会の住民としてともに暮らしていく「共生」の仕組みをつくることは、21世紀の日本を含め東アジアでは必要不可欠な共同作業になります。【現代編】で韓国、台湾、中国の国際結婚を取り上げます。少子高齢社会は日本が先駆けですが、東アジアの国々も日本を追うように少子高齢社会へとなっていくのです。大泉啓一郎さんの『老いていくアジア―繁栄の構図が変わるとき』（中公新書、2007年）を読んでおくといいでしょう。日本人の学生も、アジアからの学生も、まずお互いの現実を冷静に見つめなおすことが必要なのではないでしょうか。

　たとえ興味本位からでもいい、男と女の関係の歴史を紐解くことによって、「われわれ」への、そして「かれら」への理解を深めることが大切だと思います。歴史は、そして現代で起こっていることは、あなたの未来に続いているからです。

　国際結婚は、大雑把にいうと、日本人と外国人の婚姻です。「国際結婚」は法律用語ではありません。法律では、ある事柄を規律する法律関係が、自国の法規だけでなく他国の法規にも関係をもつ結婚であることから、「渉外婚姻」といいます。つまり、一見、プライベートな個人の選択のようにみえる婚姻は、常に、他国との緊張状態のなかに成立しているということになります。その緊張状態とは、歴史的に起因するものであったり、経済的であったり、政治的であったり、宗教的であったりします。つまり、「国際結婚」研究とは、かなり広範囲に目配りしつつ、現代社会に起こる現象のひとつとして多角的に考えていく必要のある分野だといえるでしょう。

　国際結婚研究は、歴史、政治、法学、地理、文学、文藝、人口学、統計、社会学など、さまざまな学問分野にまたがった研究領域です。この講義を通して、法学に興味をもったり、国際関係を本格的に勉強してみよう、と思う学生が1人でも2人でもでてきたら、教師冥利につきます。エア・ターミナルのなかでも、経由したり、乗り継いだりするのに便利なエア・ポートのことをハブ空港といいます。行き先は自由。次はどの飛行機に乗るかを考えるのはあなた自身

です。この講義は，そんな人々が行き交うハブ空港だと考えてください。スーツケースに何を詰め込むかは，あなたの好奇心次第です。

【参考文献】
大泉啓一郎［2007］『老いてゆくアジア―繁栄の構図が変わるとき』中公新書
嘉本伊都子［2001］『国際結婚の誕生―〈文明国日本〉への道』新曜社
関陽子［2001］『国際結婚《危険な話し》』洋泉社
Kelsky, Karen［2001］*Women on the Verge : Japanese Women, Western Dreams,* Duke University Press

国際結婚論⁉【歴史編】●目　次

はじめに

国際結婚論⁉
国際結婚をしているのは日本人男性？　日本人女性？
男と女の関係を通して歴史感覚・国際感覚を身につける

序　国際結婚とは何か？ —————————1

インターナショナル・マリッジ？　1
「雑婚」と訳されたインタルマリアージ　3
「国際結婚」は，日本生まれの言葉　6
江戸時代のクニと，現代社会のクニ，何が違う？　8
「結婚」って何？　10

❶ 江戸時代に国際結婚はあったのか？ —————13

インターレイシャル・インティマシー　13
鎖国以前のこと—アダムズとおゆき　14
鎖国へ—ジャガタラお春はなぜ追放されたのか？　16
鎖国時代—遊女が出入りした空間〈出島・唐人屋敷〉　18
開国へ—唐人お吉の「看護名義のお仕事」　21
「正式な妻」への過渡期的形態—ラシャメンおちょう　22
マダム・バタフライ—蝶々夫人　24

❷ ナポレオンと国際結婚の意外な関係 —————27

イギリス領事からの問い合わせ—慶応3年と明治5年　27
ナポレオン法典とフランス人権宣言—女は市民じゃないの？　29
ナポレオン法典と内外人民婚姻条規の共通点—夫婦国籍一元主義　32
ナポレオン法典と内外人民婚姻条規の相違点—ラフカディオ・ハーン　34
外国人婿養子たちの「日本人への道」　36

❸ 箱のなかの日本人？ ■明治時代の「国際結婚」——————39

  1872年壬申戸籍の成立—「家」の箱　39
  旅券（パスポート）第1号—「船」の箱　41
  分限主義時代の「日本人タルノ分限」—「家」と「船」の箱の癒着　44
  ボクはどこの箱に入ればいいの？—「私生子」法と「国際結婚」　46
  イギリスでの裁判に勝利した国際結婚カップル　47
  タイムズ紙に載った「野蛮国」の婚姻の勝利　49
  分限主義時代の「国際結婚」—1873〜1899年　51

❹ 植民地の拡大と女性の移動——————55

  国民国家形成（ネーション・ビルディング）と領土確定　55
  内地と外地—「船」の箱の拡大　56
  外地（植民地）獲得のための戦争—日清・日露戦争　60
  海を渡る「娼婦」と「花嫁」　65
  なぜ花嫁は海を渡るのか？　70

❺ 創氏改名と国際結婚——————75

  植民地出身者と内地人のインターマリッジ　75
  家族・親族システムは地域や文化によって多種多様　76
  内鮮結婚—内地人と朝鮮人の結婚　79
  植民地時代の入夫・婿養子　83
  「創氏改名」　85
  内地での内鮮結婚　86
  外地での内鮮結婚　88
  日本国籍剥奪とサンフランシスコ平和条約　90
  「韓国・朝鮮籍」と日本人との結婚　92

❻ 戦争と国際結婚——————97

  サムライの「いくさ」・国民兵の「大戦」　97
  夫婦国籍同一主義から独立主義へ—パパの国とママの国が戦争をしたら　98
  山田耕筰と日本人女性の権利—参政権と男女平等　101

「写真花嫁」から「戦争花嫁」へ──異人種間婚姻という障害の除去　102
戦勝国の男性による敗戦国の女性の支配　105
軍事基地と女性と子どもたち　108
戦争博物館に何を展示するか──結婚の軍事化と脱軍事化　110
戦争花婿⁉　111

おわりに
年　　表

◀コラム一覧▶

❶歴史は必然の積み重ね　3
❷カトリックとプロテスタントでもインターマリッジ！　5
❸資本主義を発達させたのはどっち？　倹約と合理化 VS 恋愛と贅沢　10
❹国際結婚の教科書⁉　14
❺オランダとシーボルト　20
❻ふるあめりかに…　24
❼グージュとクリスティヴァ──処刑台にのぼる権利　31

❽国旗と国歌　34
❾勝海舟が国際結婚⁉　52
❿『大地の子』　63
⓫政略結婚ではあったけれど　66
⓬海を渡る花嫁　73
⓭慶州ナザレ園　83
⓮バツイチ　91
⓯ミツコという名の香水　99
⓰戦争花嫁　106

━━━━ 国際結婚論⁉【現代編】━━━━

はじめに
❶情報リテラシーとレポート得点アップの秘訣
❶日本の家族変容と国際結婚
❷「主婦業」の外国人女性化
❸アジア系ブライドの市場的価値⁉
❹グローバル時代の家族形成
❺東アジアの中の日本──韓国と台湾，そして中国
❻「ママは外国人」であるということ
補〈子ども〉を通してみる国際結婚の歴史
国際結婚関連文献リスト
おわりに
年　　表

目　次
xi

歴史編 序

国際結婚とは何か？

インターナショナル・マリッジ？

　何かについて論じるとき，その何かは，世間で使用されている言葉とあなたがこれから使用する言葉との間にギャップがあっては，学問になりません。言葉の定義はとても大切です。何を論じるのか，その対象を，どのように位置づけているのかを明確にしていない論文は，読むに値しません。たとえば，「女性の社会進出が進んだため晩婚化した」というとき，「女性の社会進出」とは何でしょうか？　女性が全員，非正社員として社会に出る，あるいは全員正社員で社会に出ることも，「家」から出て働いているのであれば社会進出ですよね？　なんとなく説明ができているように思えても，厳密には女性のどのような働き方を「社会進出」としているかで議論の方向性は異なってきます。

　言葉の定義というと，電子辞書に入っている国語辞典で言葉を確認する学生がいます。確認してくれる学生さんは，学ぶ意欲があっていいですね。しかし，「国籍を異にする男女の結婚のこと」という広辞苑の「国際結婚」の説明は，日本で使用される言葉の公約数的な意味です。研究をするには，広辞苑や国語辞典レベルの言葉の定義では不十分です。

　ためしに，「国際結婚」を英語で表現してみましょう。できましたか？

　「なぜ国際結婚の研究なんかしているのですか？」とよく聞かれます。私の研究の発端は，学生時代の英会話学校での何気ない会話です。「大学で何勉強しているの？」とイギリス人の先生に聞かれ，「国際結婚」の正しい英訳がわからずそのまま，インターナショナル・マリッジと直訳して答えました。すると，「そんな言い方，英語ではしないよ。意味はわかるけどね」と言われました。「では国籍が異なる男女の結婚は英語でなんと表現するのか」と聞いたと

ころ,「"Mixed marriage"という言い方はあるけれど,白人と黒人の結婚というような,侮蔑的なニュアンスを含むので最近では使われないしなあ。イギリスでは,そんな結婚は普通だから,だだのマリッジでいいんだよ」と言われてしまいました。ただの「結婚」では,私の研究そのものが成り立たなくなります。

インターナショナル,とはインター（inter）,つまり「〜という間」という接頭辞と「国民の,国家の」というナショナルから成り立っています。個人と個人とが混じって（mixed）いるわけではありません。インターハイという日本語がありますよね。高校（high school）と高校とが全国レベルで競い合う場で,競合する高校どうしの部員たちが混じって（mixed）チームを編成して競うわけではありません。

インターナショナル・マリッジという言い方は,実は学術用語としてはグローバル化の進展にともない,2000年頃から盛んに使われるようになりました。しかし一般的に,そのような表現は次のような印象を与えるようです。

> 「国際結婚」という熟語は,スウェーデン語にはない。訳すことはできる。国際＝インテルナチョネル,結婚＝エクテンスカープ,でもこれは各国の旗の下にそれぞれを代表する夫婦がたくさん並んでにっこりしている,といった感じで,日本語のもつ外人と日本人という意味はでてこない。代わりに,「夫が外国人である時」といったような表現がとられる。
> 　　　　　　　　　　　　　　　　　　　　　　　　　[ヤンソン 1981：12]

これは,スウェーデン人の夫をもつヤンソン由実子さんの解説ですが,なるほど,テレビに映し出される国際会議やオリンピックは,各国の旗のもとにそれぞれの国の代表が一堂に会する,まさにインターナショナルな場ですね。同じようにインターナショナル・マリッジと聞くと,各国の夫婦代表が並んでいるところを想像するというのです。

「国際結婚」とは,英文でなんと表現されるのか。大学院修士課程に入り,「国際結婚」の先行研究にあたってみてびっくりしたことは,その当時,本当に数えるほどしか,日本の国際結婚を扱った社会学的な研究がないことでした。

事実,『新社会学辞典』（有斐閣,2002年）には,国際結婚の項目はありません。しかし,インターマリッジ（intermarriage）の項目ならあります。比較家

> **コラム❶　歴史は必然の積み重ね**
>
> 「なぜ彼はあのとき，あんなこと言ったのだろう？」恋多き乙女は悩みます。歴史が His story であるという「彼」＝「男」の歴史を中心に描かれてきました。歴史は暗記ものであるという受験教育に慣れてしまうと，「なぜ，あのときこの事件が起こったのだろうか？」という問いを発しないまま，語呂合わせの年号と事件だけを結びつけるという途方もない無駄を繰り返さなければなりません。
>
> 恋愛にもストーリーがあるように，歴史はハプニングとストーリーの連続です。出会いがあり（難破船漂着，黒船きたる！），蜜月期があり（条約の締結），喧嘩があり（戦争，なんとかの反乱），別れがあり（鎖国），死別もあり（国の消滅など），で盛りだくさんです。なぜ，あのとき，あんな行動に出たのかは，理由があるはずです。「なぜ ～だろう？」という視点から歴史を見直してみてください。「彼」だけでなく，「彼女」との関係から見直してみてください。すると，さまざまな出来事の複線がみえてきて，刑事ドラマのように歴史をみることができます。

族史学会編の『事典　家族』（弘文堂，1996年）には「国際結婚」が載っています。しかも，社会学者の書いたものと法学者の書いたものと2つあるのです。ところが，インターマリッジの項目はありません。ここで，社会学や文化人類学で使用されるインターマリッジという概念が出てきました。「ただの普通のマリッジ」以外の結婚を示すときに，インターマリッジという言葉が使われます。「ただの普通のマリッジ」と「それ以外のマリッジ」との間には，境界線が引かれているということです。その境界線は，誰が引いたと特定できるものではありません。ある地域での人口構成や歴史，政治などを反映した，社会が引いた境界線だといえるでしょう。それは，時として，差別や偏見を含んだ境界線です。【現代編】の巻末に国際結婚関連の研究や書籍を分野ごとにまとめましたので卒論やレポートの参考にしてください。

「雑婚」と訳されたインタルマリアージ

明治時代に，インターマリッジという言葉は西洋から輸入され，「雑婚」と訳されました。1万円札の福沢諭吉の門弟，高橋義雄が『日本人種改良論』を出版したのは明治17（1884）年のことです。高橋は「人種間ノ婚姻ヲ雑婚ト云ヒ雑混（ママ）シタル夫婦ノ子ヲ雑種ト云フ」［高橋 1884：100］とし，雑婚には「イン

序　国際結婚とは何か？

タルマリアージ」，雑種には「ミツキストレース」とルビをふったのです。異なる人種間の子どもであるから"mixed race"でしょうが，雑種というのは，今では犬や猫に使う言葉ですよね。ここに，いわゆる「白人」を中心にした，西洋産の概念の特徴が表現されているように思います。インターマリッジとは，イギリス人の先生が教えてくれたmixed marriageです。白に，なんらかの色――黒とか黄色――が混じる，というニュアンスがあるわけですね。

　アメリカの社会学者R・マートンのインターマリッジ研究についてふれておきましょう。マートンは，インターマリッジを「配偶者選択に適したものとして文化的に想定されている家族出身のものどうしの婚姻ではなく，異なる内集団と外集団出身のものどうしが婚姻すること」［Merton 1941 : 362］と定義しました。インターマリッジとは，社会的・文化的属性が異なるものどうしが結婚することなのですが，注意しなくてはならないのは，AグループとBグループは昔から仲がよく，Aの花嫁，Bの花婿が結婚することはその双方の集団にとって「誠に慶賀」ということであれば，グループ間の文化的・社会的属性が異なっていてもそれはインターマリッジにはならないのです。ところが，AグループとCグループは昔から喧嘩ばかりしていて，互いに憎悪しているような場合，Aの女性とCの男性が結婚したくても，どちらのグループからもその結婚は反対されます。ロミオとジュリエットを考えてみたらわかりやすいでしょうか。同じ国の人でも，先祖代々宿敵どうしの場合，「お～，ロミオあなたはどうしてロミオなの」と恋するジュリエットは嘆きます。それは2人の恋は死後でなければかなわないような規範が，そこに存在しています。これこそがインターマリッジというわけです。この場合，同国人ですから国籍が問題ではなく，社会内部の「文化的，社会的境界線」が問題になります。

　特に人種の坩堝（るつぼ）といわれるアメリカでは，「異なるnationality（国籍）をもつ祖父母をもつ人どうしの婚姻は，internationality marriageとしてカテゴライズされうるとしても，それはin-marriageであってintermarriageではない」［Merton 1941 : 363］とマートンは主張しています。それは，インターマリッジという概念は，国籍を重要な「社会的・文化的属性」とはみなしていないということです。アメリカのような移民国家では，先祖の国籍をずっともった

―― コラム❷ カトリックとプロテスタントでもインターマリッジ！ ――

　プロテスタントとカトリックの違いは何ですか？　カトリックは新教徒ともいわれますが，なぜ，新しいのでしょう？
　イタリアに旅する人は，カトリックの総本山でローマ法王のいるヴァチカン市国を訪ねてみてください。ものすごい行列ですから，朝一番に行くといいでしょう。サン・ピエトロ寺院に隣接するヴァティカン美術館のシスティーナ大聖堂で，あのミケランジェロの雄大な絵をご覧ください。どれだけの富があのヴァチカン市国へ降り積もってきたことでしょう。カトリックは布教に熱心でした。信者拡大は，教会の勢力の拡大でもありますが，植民地の拡大でもありました。イタリアを中心にして，ベルギー，フランス，ポルトガル，スペイン，オーストリアなど，ヨーロッパの南はカトリック教徒の多い国々です。また，中南米でポルトガル語やスペイン語が話されている地域は，カトリックが多いです。アジアではフィリピンがスペインの植民地でしたので，カトリック教徒が多いですね。
　カトリックにプロテスト（抗議）したのが，プロテスタントです。ルターの宗教改革（1517年）は，聖書を信仰の中心にするというものです。ラテン語で書かれ，僧侶しか読めず，一般の人には意味も理解できない聖書を，グーテンベルグの印刷機の発明もあり，ドイツ語訳をして印刷をしました。教会に行かなくても，個人，個人が神様と向き合う姿勢こそが大切だとしたのです。
　イギリスの王様ヘンリー 8 世は，妻の侍女であったアン・ブーリンと再婚したいがために，離婚を企てました。しかし，ローマ教皇から許可を得られず，ついに1534年に首長令を出して，自らが頭となるイギリス国教会を創設します。ちなみに，彼は 6 人の女性を妻にしましたが，多くの女性が処刑など不幸な亡くなりかたをしています。イギリスの王室はスキャンダルの連続ですね。
　特に，中絶・離婚をタブーとするカトリック教国のアイルランド女性のなかには，イギリスで人工中絶手術を受ける人もいるそうです。20世紀に入っても，プロテスタントとカトリックとの婚姻はインターマリッジだとみなされていました。

ままでは，いくらたってもアメリカ国籍は出てこないことになります。たとえば，19世紀前半に祖母がスペイン人，祖父がフランス人という人が，アメリカで結婚したとしましょう。当時フランスは，父系血統主義という国籍法をナポレオン法典では規定していました。つまり，どこで生まれようとフランス人父から生まれた子は，父親の血統をひくのでフランス人と規定していたのです。アメリカ合衆国はいつまでたってもこれではアメリカ国民を生み出すことができません。そこで，生地主義という生まれた土地＝国の国籍を付与することにしたのです。この場合，祖父母は「白人」で同じキリスト教でも「カトリッ

ク」であることが前提です。なぜなら，同じ宗派，同じ白人（ラテン系）ですから文化的境界線内部の結婚になりますから，イ・ン・マ・リ・ッ・ジ・です。

　異なるnationality（国籍）の祖父母をもつ人どうしの婚姻よりも，同じ国籍でいわゆる「白人」のイギリス人男性と，イギリス国籍の「黒人女性」との結婚は，インターマリッジです。もっとも，マートンが論文を書いた頃の1940年代のアメリカでは，このような「白人」と「黒人」の結婚，というような組み合わせの婚姻を正式な結婚と認めなかった州がたくさんありました。

　一方，国際結婚の場合，広辞苑に「国籍を異にする男女が結婚すること」とあるように，「国籍（nationality）」は非常に重要です。社会人類学者の中根千枝は1977年に「まったく別世界の人との結婚には相当な社会的抵抗があるものです。たとえば，国際結婚に対する近親者・同僚の反応にそれがよくうかがわれます。そしてその意味では，日本人という単位がつよいエンドガミーの傾向をもつ」［中根 1977：60］と述べています。エンドガミー（内婚）とは，「婚姻における配偶者の選択が，自分の属する集団内の成員と行われるように決められているが，少なくともそれが強く期待されている場合」［『事典 家族』：649］，自分が所属する集団の内から配偶者を選択しようとする社会的傾向のことをいいます。つまり，日本人にとって「日本人という単位」が，「ただの普通の結婚」とそれ以外の結婚を分ける「境界線」になっていることがわかります。2008年現在ですら，国際結婚を取り上げる番組があるほど，やはり「ただの普通の結婚」とは違うのだとする「境界線」は，日本人の中に，日本社会の中に存在するといえるでしょう。

「国際結婚」は，日本生まれの言葉

　では，国際結婚という言葉は，いつ頃から使われ始めたのでしょうか？高橋義雄が『日本人種改良論』を書いた5年後の明治22（1889）年8月3日に田口卯吉は「余輩が茲に國際結婚と称するものは，國々の帝王達が互に相結婚するの必要を論ずるものなり」［田口 1889：174］として「國際結婚」を論じています。田口がいう国際結婚とは，キングとクイーンの結婚のことなのです。日本でいえば，天皇とどこかの国の王族が婚姻関係を結ぶことに限定している

のです。

　池田理代子さんの名作漫画『ベルサイユのばら』（1972年連載開始，当時池田さんは，若干25歳！）をご存知ですか？　主人公のオスカルは実在の人物ではありませんが，フランス王妃マリー・アントワネットはオーストリアの女帝マリア・テレジアの娘でした。フランス革命の重要人物で，最後はギロチンで首をはねられてしまいます。現在のイギリス女王もハノーヴァー朝，すなわちドイツ系の王様の血を引き継いでいます。地理的に接している国が多いヨーロッパでは，国と国が争わないためにも政略結婚が王族間で行われ，国が異なることよりも「高貴な血」が流れていることが伝統的に重視されてきたことがわかります。現在のヨーロッパのキングやクイーンならびにその関係者も同じ国の人ではなく，まさに国際結婚することが少なくありません。現代の日本の皇室には考えられないことかもしれません。

　また，私が探したなかでは，「国際結婚」という言葉をその当事者が使用した最初の例が，外務省外交史料館に所蔵されている『内外人民婚姻雑件』（四）にあります。大阪の会社員T氏が外務省に宛てた手紙の中に「国際結婚の場合英国才判所（ママ）が日本法律に依りてのみ成立したる結婚を承認するや否や疑問也」とあります。その手紙の日付は，明治44（1911）年12月21日でした。

　大正5（1916）年の『大日本国語辞典』では，「〈国際婚姻〉（名）（法）これを行ふ人又は土地が二箇以上の国家に渉る場合の婚姻の称」とあります。また，大正6（1917）年の『日本辞典』には，「kokusai-kon'in［国際婚姻］これを行う人又は土地が二國以上に関係したる婚姻の称」と載っています。大正時代の国際婚姻の項目は，2つとも表現がとてもよく似ています。大切なのは，国家間の関係性に言及している点です。明治時代の国語辞典をすべて調べあげることはできませんでしたが，明治期の国語辞典には〈国際婚姻〉という項目はないと思います。つまり，国際結婚という言葉は，明治時代から使われ始め，人口に膾炙し，日本社会に定着したのは20世紀初頭ではないでしょうか。すると，国際結婚の歴史は100年そこそこです。

　幕末に開国をした日本では，国と国との関係，厳密にいえば近代国民国家と近代国民国家との関係が明治時代に始まりました。国際という言葉も明治生ま

れです。その時代に日本で生まれた言葉,「国際結婚」は,まさにインター（～との間の）ナショナル（国の）＝国際的な, という意味が強調されたのだと思います。国際結婚の「国際」は,日本における近代国民国家の成立と深い関係があるということになります。では,質問です。近代国民国家とは何でしょうか？

江戸時代のクニと,現代社会のクニ,何が違う？

「江戸時代にだってオランダ人が来ていたのだから,国際結婚はもっと古いのではないか？」,「渡来人との結婚は,国際結婚ではないのか？」という疑問が浮かんできたあなたは,なかなか筋がいい。「国際」という言葉は,クニとクニの関係性を示しています。私事で恐縮ですが,父は「出雲のクニ」の人で,母は「因幡のクニ」の出身です。さて,私の両親は国際結婚でしょうか？

日本語のクニという言葉には,使い方によって異なる英単語にしなくてはならないことがあります。「わが国の予算は」の場合は,政府（government）。「近代国民国家」という場合は,ネーション・ステート（Nation State）。「おクニはどちらですか？」と聞かれた場合は,故郷（hometown）です。これらの比喩は,丸山眞男先生が東大の講義の中でされたものです。東大での講義を体験したい人は,『『文明論乃概略』を読む』（上・中・下,岩波新書）を読んでください。福沢諭吉が『文明論乃概略』の中で「日本には政府ありて国民（ネーション）なし」といった命題が今日も生きているということを,丸山先生はこのクニという言葉に着目しながら説明をしています。

> 「くに」という言葉は記紀に出てくる最も古いやまと言葉の一つだからです。古来から,日本ほど領土・言語・人種などの点で相対的に連続性を保ってきた国は世界でも珍しい。しかし,いま『ネーション』に対応するコトバとして国というものを考えてみると,いまだ国の体をなしていない。政府と人民との「対立の統一」としてネーションはいまだできていないのだという一大逆接がここに提示されています。これは今日でもまだ生きている命題だと私は思います。　　　　　［丸山 1986下：109］

丸山眞男先生が「今日」といっているのは20世紀の日本ですが,21世紀になった現代でさえ,「日本には政府ありて国民（ネーション）なし」という状態は

変わっていないのではないでしょうか。選挙で投票していますか？　投票率をみるだけでも，日本の国民は，選挙という大切な権利を放棄しています。国民年金を払っていますか？　社会保険庁のずさんな年金管理は，国民をバカにしているとしか思えませんが，政府はどんなに投票率が低くても存続しています。国民は，投票もせず，国民年金も払わず，日本国民であり続けています。はたして日本はネーションによる国民国家なのでしょうか？

　21世紀の日本では，「ネットカフェ難民」と呼ばれるような，住所をもたない日本人の若者が都会を漂っています。住所がなければ，選挙を知らせる葉書も届きません。一方で，国際結婚をして定住し日本へ帰化した元外国人が投票し，なかには議員になってこの国を変えようと頑張っている人までいます。いったい，このクニの政府，住民，ネーションはどうなるのでしょうか。

　『文明論乃概略』が書かれた明治時代，日本を国民（ネーション）のいる，国民国家（ネーション・ステート）にすべく明治政府は奮闘を続けました。そのひとつに，日本という国が，国際法上，あるいは西洋の法律に照らし合わせても遜色のない法治国家になることが求められました。当時の西洋諸国を「文明国」と呼び，文明開化をしなくてはならないと動き出した時代に国際結婚も誕生したのです。なぜ福沢諭吉が「文明論」の概略を書かなくてはならなかったのか。それは，近代国民国家とはこういうものだよ，と日本人に知らしめる必要があったからです。

　国際結婚の国際とは，日本が近代国民国家として当時の文明国から認められなくては成立しえない形容詞です。そのために，明治政府は文明諸国と幕末に結んだ不平等条約を改正することに全力をあげます。法律の整備だけでなく，国会，議会，官僚組織などなど，今では「あたりまえ」の仕組みを建設（ビルディング）する必要がありました。日本が身分制度を維持した江戸時代から，国民が国家の一員であるという近代国民国家にネーション（国家，国民）をビルディング（建築，形成）する明治時代に，国際結婚は誕生したのです。

　これで「国際結婚」の「国際」の部分が明らかになりました。もうひとつ大問題があります。それは「結婚」です。

> **コラム❸ 資本主義を発達させたのはどっち？　倹約と合理化 VS 恋愛と贅沢**
>
> 『プロテスタンティズムと資本主義の倫理』（岩波文庫）の中でマックス・ヴェーバーは、プロテスタントの諸派のなかに資本主義を発展させる精神性を見出しました。コツコツ働き、勤勉で、富を蓄積していく。ヨーロッパのなかでプロテスタントが多いのはイギリス、北欧、北ドイツなど、カトリックが多い南の国々よりも経済産業が発達した地域です。
>
> マックス・ヴェーバーに対して、違う！　贅沢と恋愛こそが資本主義の精神だ！といったのは、ヴェルナー・ゾンバルト（『恋愛と贅沢と資本主義』講談社学術文庫）です。結婚制度と蓄妾、恋愛と資本主義がどのように絡み合っているのか、知りたい人は、どうぞ。
>
> シェークスピアの『ヴェニスの商人』に出てくる守銭奴のユダヤ人シャイロックのように、ユダヤ教徒と金融業界とは切っても切れない関係と欧米ではみなされています。ロンドンではJJタウンと呼ばれるエリアがあります。Jews（ユダヤ人）とJapanese（日本人）が好んで住む比較的安全で高級なエリアです。
>
> 1970年に出版され好評だった日本人論に、イザヤ・ベンダサン著、山本七平訳（山本七平自身が書いたという説が有力ですが）『日本人とユダヤ人』があります。角川文庫ソフィア版で読むことができます。ユダヤ人男性と結婚した作家、米谷ふみ子さんは、『過越しの祭り』（1985年作品発表）で芥川賞を受賞しました。その作品は、ユダヤ・ファミリーに嫁いだ日本人女性の視点から描かれています。国際結婚の場合、日本人は普段はあまり意識しない宗教が、日常の大きなウエイトを占めることもありますので、相手の宗教文化をよく理解してからにしましょう。

「結婚」って何？

　高校を出たばかりの学生に「結婚って何？」と聞くと、「好きな人と一緒に暮らすこと」なんていうロマンテックな答えが返ってきます。じゃ、カレシと同棲したら結婚なのかと聞くと、そうではないと首を振ります。あなたならどう答えますか。

　結婚とは何かを定義するのは、簡単なようにみえて実はむずかしい。家族もそうです。社会学は、日常の言葉を概念として用いることが多いのですが、学者によってその「定義」が異なったりします。日本では、「籍を入れる」という表現で、正式に結婚したかどうかを区別します。この表現を英語にするのも、実はなかなかむずかしい。なぜかというと、イギリスやアメリカには戸籍そのものがないからです。日本では、盛大に結婚式をしようと、何千人をホテルに招いて披露宴をしようと、婚姻届を出さないと結婚したことにはなりません。

離婚した場合，慰謝料を請求することもできません。民法上，婚姻届は戸籍法とリンクしていて，婿養子でももらわない限り，日本人女性は，自分の父の氏を捨て，夫の姓を名のります（どちらかを選ぶという建前になっていますが）。

近代国民国家になって制定された民法と戸籍法によって日本では「正規の婚姻」が成立することになります。これを法律婚とか，民事婚といいます。西洋社会では，神様に誓って婚姻が「正規」であるとみなされていた宗教婚が主流でした。近代化とともに，婚姻は神様から離れて「世俗化」し，国家（または市民社会）が定めた法律によって正規なものと認められるようになりました。

お隣の韓国にも戸籍があります。なぜ，戸籍が韓国にあるかご存知ですか？これは第5講で述べましょう。戸籍があっても，韓国では，金さんと朴さんが結婚しても，金さんは金さんのまま，朴さんは朴さんのままです。

テレビでデヴィ夫人として知られるデヴィ・スカルノさんは，元インドネシア大統領スカルノの第2夫人になった日本女性です。つまり，「2番目の正式な妻」になったのです。このように，一夫多妻制が認められている主にイスラム圏の国のなかには，4人まで妻を合法的にもつことができる国があります。イスラム教に改宗しなくては結婚できない国もあります。このように政治と宗教が一致している国もあれば，西洋社会や日本のように，現代では政治と宗教が分離している国もあります。つまり，結婚といっても，何をもって結婚とするかは，非常にむずかしいのです。国際結婚の場合，相手国の婚姻制度や法律，社会の仕組みにも熟知している必要がありますね。

そこで，これからは日本における国際結婚を論じる場合，国際結婚とは以下の2つの条件をそなえている結婚であると定義をしておきましょう。
① 国内外において，社会的に認められた正規の婚姻制度であること
② 婚姻前において，近代国民国家日本の国籍を有する者と外国籍を保有する者との婚姻であること［嘉本 2001：11］

つまり，日本においても，外国においても所定の手続きを行い，双方の社会から正規の結婚をしたとされるカップルで，そのカップルの片方が日本国籍を有し，外国人配偶者は外国籍を保有している人たちのことを国際結婚している人々としましょう。

現代日本において正規の結婚は，戸籍に記載されることをもって成立します。では，このような仕組みがつくられたのは，いつ頃からでしょうか。また，日本人が日本国籍をもつようになったのはいつでしょうか。

【参考文献】
池田理代子［2007］『ベルサイユのばら』（全9巻）集英社（1972年『週刊マーガレット』に連載）
ヴェーバー，マックス／大塚久雄訳［1991］『プロテスタンティズムの倫理と資本主義の精神』岩波書店（ワイド版　岩波文庫）
嘉本伊都子［2001］『国際結婚の誕生─〈文明国日本〉への道』新曜社
米谷ふみ子［1991］『過越しの祭』新潮社
ゾンバルト，ヴェルナ／金森誠也訳［2000］『恋愛と贅沢と資本主義』講談社（講談社学術文庫）
高橋義雄［1884］『日本人種改良論』出版人石川半次郎
田口卯吉［1889］「國際結婚論」『東京経済雑誌』481号。鼎軒田口卯吉全集刊行会編［1929］『鼎軒田口卯吉全集』第8巻に収録。
中根千枝［1977］『家族を中心とした人間関係』講談社
ベンダサン，イザヤ／山本七平訳［1993］『日本人とユダヤ人』角川書店（初版山本書店，1970年）
丸山眞男［1986］『「文明論之概略」を読む（上，中，下）』岩波書店
ヤンソン由実子［1981］『国際結婚─愛が国境を越えるとき』PHP出版
Merton, Robert［1941］"Intermarriage and the Social Structure: Fact and Theory", *Psychiatry : Journal for the Study of International Process*, vol. 4

【事典・辞典】
『事典　家族』弘文堂，1996年
『新社会学辞典』有斐閣，2002年
『大日本国語辞典』（第1-4巻）冨山房，1915-1519年
『ABCびき日本辞典』三省堂，1917年

【史　料】
『内外人民婚姻雑件』四　外務省外交史料館

歴史編❶

江戸時代に国際結婚はあったのか？

インターレイシャル・インティマシー

　「江戸時代に国際結婚はあったのか？」という問いの答えは，「私の定義する国際結婚はなかった」ということになります。序で提示した2つの条件のうち，①の「国内外において，社会的に認められた正規の婚姻制度」だったかという点では，江戸時代は鎖国をしており，日本人は海外への渡航を禁止されていました。②の「婚姻前において，近代国民国家日本の国籍を有する者」に関しても，江戸時代の日本は，近代国民国家だったのか？　という問いに直してみると，よくわかります。江戸時代は，西洋諸国が基準とする国際関係を築いたわけではないですね。だからといって，江戸時代の国際結婚に類似した男女関係がまったくなかったというわけではありません。鎖国が始まる以前，鎖国開始時期，鎖国期，開国期と，為政者が国の政策を転換させるたびに，そのような男女関係のあり方は変化していかざるをえませんでした。

　アメリカの大学で日本史を専門にするゲイリー・ループ先生が，"Interracial Intimacy in Japan: Western Men and Japanese Women 1543-1900"(Leupp, Continuum, 2003) という本を出版しました。このタイトルを翻訳するならば「日本における異人種間の親密性―西洋人男性と日本人女性」となるでしょうか。見た瞬間，著者はいわゆる「白人男性」だとピンときました。序でインターマリッジを説明したように，"interracial"は，インターとレイシャル（人種的な）という意味ですから，白人とそれ以外の「色のついた人種」との間のというニュアンスを強く感じます。イギリス人の先生が，"mixed marriage"に侮蔑的なニュアンスがあるといったこととつながっています。さらに，"marriage"や"relation"というような価値中立的な単語ではなく，"in-

> **コラム❹ 国際結婚の教科書!?**
>
> 　本書の序から第3講までの内容の詳細は，すでに出版している『国際結婚の誕生―＜文明国日本＞への道』（新曜社，2001年）と重複します。また，小山騰『国際結婚第一号―明治人たちの雑婚事始』（講談社メチエ，1995年）は，ボロボロになるまで読み込んだ本ですが，エピソードが盛りだくさんでおもしろい本です。国際結婚を教科書として取り上げた先駆者，竹下修子さんは，『国際結婚の社会学』（学文社，2000年）と『国際結婚の諸相』（学文社，2004年）を出版しています。ヤンソン由実子『国際結婚―愛が国境を越えるとき』（PHP出版，1981年）は，国際結婚の当事者による本のなかでも，国際結婚の歴史をふまえて考察しようとしたオススメの本ですが，残念ながら絶版です。
>
> 　実践編では，明石書店から多くの関連本がでています。『国際結婚の基礎知識』（筑波君枝編），『国際結婚ハンドブック―外国人と結婚したら』（国際結婚を考える会編）など，国際結婚を実践したい人は読んでおくといいでしょう。

timacy" という，性的関係を強調する単語を選んでいることにもその意図を感じます。"Intimate" は辞書をひくと，「親密な」とありますから，親しい間柄という意味で使いたくなります。しかし，どれくらい親密かというと，ずばり，性的関係があることを含ませて使うことが多いのです。注意しましょう。

　ループ先生は，Western Men（白人男性）と Japanese Women（日本人女性）との間には，インティマシー，すなわち「性的な意味合いを含んだ関係」が鎖国以前から450年以上続いてきた「伝統」があることを綿々と書いています。明治時代から日本人女性は，外国人の「正式な妻」として扱われることが制度化されましたが，それよりもインティマシーのほうに「伝統」があるという事実を，日本人女性はわきまえておいたほうがいいと思います。家田荘子さんは，現代のニューヨークにいる日本人女性が「イエロー・キャブ」と呼ばれていることを描いて問題になったこともあります［家田 2000］。手を挙げれば，すぐに乗せてくれる（男性側からすれば，性的な関係にもちこめるという意味）タクシーと，黄色人種であるイエローが含意されています。

鎖国以前のこと―アダムズとおゆき

　1543年から1639年まで，つまり鎖国が始まる前は，どのような政策をとっていたのでしょうか。「幕府は無干渉の立場をとり，西洋人男性（主に貿易商）と

日本人女性の婚姻を禁止するようなことはほとんどなかった」[ループ 1994：331-391] とループ先生はいっています。

たとえば，慶長5（1600）年に豊後海岸に漂着したイギリスのケント州生まれのウィリアム・アダムズ（1564-1620）は，徳川家康の信頼を受け，外交問題の顧問をしただけでなく，幾何学や地理学，造船学を家康に教えています。さらに，相模国三浦郡逸見村（現在，横須賀市）に領地だけでなく，江戸日本橋に邸宅を与えられ，三浦按針（みうらあんじん）という日本名をもらいました。その一角はアンジンチョウと呼ばれ，彼はおゆきという日本人女性との間に子どもをもうけました。どこで彼が死亡したかはいろいろな説がありますが，平戸で没したともいわれています。

「プロテスタントのヨーロッパ人が非公式の同棲を好んだとしても，これは日本社会では有効な結婚であると見られて」[ループ 1994：334] いた場合，その結婚は「正当なの」でしょうか。ウィリアム・アダムズには，イギリスに妻と2人の子どもがいました。1605年のイギリスの妻宛の書簡も残されています。キリスト教への信仰心が篤かったともいわれるアダムズ自身は，彼の生まれた教区の教会で式を挙げたであろう結婚を，彼にとっての本当の結婚と思っていたかもしれません。

アダムズにとって，どちらが本当の婚姻だったのでしょうか。そのどちらでもあったと，私は考えます。アダムズ自身の認識がどうであれ，アダムズが居住地として選んだ共同体は徳川日本の領地です。アダムズは帰国できたにもかかわらず，帰国をしませんでした。だからといってアダムズが心理的に，故国とイギリスで暮らす妻子を見捨てたわけではありません。アダムズは絶えずイギリスと日本の関係を積極的なものにするよう心がけました。彼は遺言書の中で，イギリスと日本の妻と子どもたちに公平な財産分与を指示しています。このようなアダムズという人間を，「キリスト教的良心と世俗的現実を使い分けた」[皆川 1977：142] と評価する声もありますが，生きていくためには，必要だったのではないでしょうか。

ところで，江戸時代には戸籍がありません。婚姻は，階層や地域によって多種多様でした。大名や公家，武士たちの婚姻は届け出制であり，許可が必要で

す。しかし，庶民の婚姻は，その慣習も含め統一したものはなく，地方や階層によって千差万別です。結婚という関係を築こうとする男女が，自分たちの関係を結婚だと認め，それを披露し，彼らの属する共同体からも認めてもらったときに，おおよそ結婚は成立しました。しかし，その具体的な要件は何だったかを日本全国統一規格として確定することはむずかしいのです。ましてや，海を渡ってきた人，宗教を異にする人との関係性を，何をもって正当な婚姻とするのかは，さらに複雑で厄介な問題です。

　アダムズは家康の寵愛を受けていたという特殊例ではあります。しかし，鎖国以前の段階では，幕府は異国人間の男女関係に干渉することなく，婚姻関係が成立する余地を残していました。

鎖国へ―ジャガタラお春はなぜ追放されたのか？

　「ジャガタラお春」として，後世に語り継がれる少女がいます。彼女の母は日本人，父はイギリス人もしくはイタリア人と推定されている実在の人物でした［岩生 1958：38, 32］。彼女のような「南蛮種子」，「紅毛種子」と呼ばれたいわゆる「ハーフ」（この和製英語は日本語圏でしか通じません。最近では「ダブル」という言い方も出てきましたが，英語圏での使用には注意しましょう）たちは，親とともに，1630年代に国外へ追放されたのです。

　幕府は，いわゆる寛永鎖国令を次々と出していきます。寛永10（1633）年に外国居住5年以上の日本人の帰国を禁止。寛永12年には日本人の海外渡航・在外日本人の帰国を禁止。寛永13年には南蛮人（ポルトガル人，スペイン人）と日本人との間にできた子どもたちなど287名がマカオへ，寛永16年には紅毛人（主にオランダ人）と日本人との間にできた子どもら11名がジャガタラ，すなわち現在のジャカルタへ追放されました。お春はそのなかの1人でした。

　お春の父と母は婚姻関係にあったのでしょうか。日本側の記録には，お春の母親は「女房」と記されています。一方，オランダ側も，オランダのハーグ国立中央文書館所蔵の史料を翻訳した「ジャガタラ追放人名簿」から，お春の両親を夫婦関係であったと認識していたことがわかります。なぜなら，オランダ側が婚姻関係ではないと判断している者は，「某が右婦人に生ませたる女」

[『長崎年表』1935：132-133]と区別して記載しているからです。さらに追放された一行は，当時，オランダの統治によってゼーランディア城が完成した台湾に寄港します。そこで「同船碇泊中のしばしの時間を利用して，追放されたサントフォールトやロメインなどの人々は教会へ行き，事実上妻である日本婦人との正式な結婚式をあげた。これは，かれらが日本において教会で正式の結婚式をあげる機会がなかったため，ジャワ島到着後の法律上の不便を考えて，あらかじめこの手続きをとった」[岩生 1974：325]といいます。

　台湾の教会で挙式をしたという彼らの行動は，自分たちは婚姻関係にあるという正式な表明にほかなりません。キリスト教への弾圧が強まっていた日本にあっては，教会での結婚式などもってのほかであったでしょう。台湾での挙式は，「一時的な関係」ではなく，正式な妻であることを証明する儀式でもあったのです。

　では，なぜお春らは国外追放にあったのでしょうか？

　この「種子」追放事件から，1世紀経過した慶安元（1648）年生まれの西川如見は，その著書『長崎夜話草』に寛永13年の「蛮人之子孫遠流之事」，そして寛永16年の「紅毛人子孫遠流之事附ジヤガタラ文」に，長崎で語り継がれているとおりにその様子を描きました。＊お春がジャガタラ文とセットになってジャガタラお春として名を残すのもこのためです。

　　＊　学術的には，この西川如見が書いたものは，創作であって史実ではなく，西川自身が，お春が流された時代に生きていないことから正確に史実を記述していないと考えられている。

　西川如見は，お春たちの追放の理由を「血脈父を本として母にはかまひなしたとへば母日本の種子にて父蛮人の血脈なれば勿論なり　父日本にて母蛮人の血脈なれば則（すなわち）母のみつかはして子は留む」[西川 1942]としています。父親の血脈が「本」すなわち，基本であるというのは，日本人の父親の血を分けた子であれば，子どもは父親の元に残すことを意味しています。父親が外国人であれば，父親も子どもも追放ということになり，お春のように，日本人の母親も追放されました。さらには，母が蛮人の場合，母のみが流刑で「ハーフ」の子は日本に残ることができたのは事実なのでしょうか？　そもそも蛮人の女性が日本に来たのでしょうか？　来たとしたら，日本人の男性と交わる理由は何

1　江戸時代に国際結婚はあったのか？

でしょうか？

　お春たちが追放された理由は，キリスト教のなかでもカトリックへの畏怖という，鎖国政策の主軸の1つとして理解したほうがいいと思います。

　寛永12（1635）年の日本人海外往来を禁ずる奉書に，翌年，次の3条が追加されました。第1条は，伴天連（バテレン），つまり，宣教師やクリスチャンになった者を探したものには褒美をとらせるというキリシタン弾圧政策です。2つめは，南蛮人の子孫は残し置いてはならない。もしこれに違反して残し置いた者がいた場合，その者は死罪，その親戚縁者にいたるまで罰を申しつけるという厳しいものです。3つめは，南蛮人が長崎でもうけた子どもとその子を養子にした養親は本来ならば死罪であるが，今回は身命を助ける。南蛮人へ遣わされたあと，当然のことながらそのようなものは，日本へ帰国したらすべて死罪であり，文通した者，つまり手紙をやりとりした本人はもちろん死罪，親類まで刑を科すというものでした〔『徳川禁令考』前集第6：378〕。

　この追加条項から，鎖国が始まる前は，「南蛮人」と日本人が比較的自由に交流でき，その間に生まれた子どもは養子というかたちで長崎に存在していたことや，海外にいた日本人と文通していたことなどがわかります。このように，鎖国以前には，異国人男性と日本人女性との間に婚姻関係が成立する余地がありました。お春らの「種子」たちの両親のなかには，「われわれ」の側も「かれら」の側も，そして当事者も婚姻関係にあるという認識があったと考えられます。ところが，幕府は鎖国の完成へ向けて，婚姻関係が成立する余地を与えない政策へと転換していきます。

鎖国時代─遊女が出入りした空間〈出島・唐人屋敷〉

　シーボルトの娘，おいねさんを知っていますか？　丸山遊廓の遊女鑑札（かんさつ）を持つお滝さんとシーボルトとの間に文政10（1827）年に生まれたのが「オランダおいね」です。鎖国政策は，中国人を唐人屋敷へ，オランダ人を出島のオランダ屋敷へ囲い込みます。ところが，そこへ遊女が出入りするようになります。出島の門外に掲げられた制札（せいさつ）（時代劇にもよく出てくる五角形の木製の看板のようなものに，墨で書かれたものです）に，禁制として「傾城之外女入事（けいせいのほかおんなはいること）」〔『徳川禁令

考』前集第6：381-382]という一条がありました。傾城，つまり遊女以外の女性の出島の出入りは禁止するということが記されていたのです。遊女は，鑑札（特定の営業または行為を公認したしるしに公的機関から出される証票）という一種のパスポートを所持しながら，公権力の認可のもとに出島に架かる橋を渡ることができました。おかみのお墨付きのもとで，遊女たちは出島で性的サービスを含む派遣社員をしていたことになります。

　キリシタンとの関連が比較的薄かった中国大陸からの人々は，1689（元禄2）年に唐人屋敷ができるまでは比較的自由に長崎の街を往来していました。ところがその年の制札に，断りなく「唐人」が唐人屋敷の外へ出ることは禁止，そして，遊女以外の女性が唐人屋敷に入ることもできないと記されました。

　キリスト教社会では，結婚は神様との契約です。婚前の処女性を大切にするという考えも，神様との約束だからです。娼婦は「道をふみあやまったもの」（ちなみに高級娼婦が主人公のオペラ『椿姫』の原題は「道をふみあやまったもの」）です。プロテスタントであれ，カトリックであれ，キリスト教社会では，娼婦や遊女を妻にするなどということは神への冒瀆であると考えられています。ましてや，政府である徳川幕府がお墨付きを与える遊女屋など，まったく理解できない政策であったと思われます。

　しかし，カトリックを敵視するサムライ政権は，「お春追放」から「遊女差し出し」へ方向転換させました。その最大の理由は，遊女が幕府公認の一種の「契約労働者」であり，派遣社員という比喩も幕府お墨付きの労働者だというイメージを喚起してほしかったからです。誰が（＝お客），どの遊女（＝労働者）を囲った（＝雇う契約をした）かがわかれば，遊女の子は誰の子かも判明します。遊女が生んだ子を届け出制にすれば，「契約労働者」の行為と彼女たちが産出した子も，幕府の管理下におくことができたというわけです。

　正徳3（1713）年に公布された遊女の唐人屋敷出入取締の訓令，およびその訓令の追加だと考えられるもの（正徳5年）に以上の政策がみてとれます。長崎奉行は，遊女の唐人屋敷・オランダ屋敷出入，遊女招呼の手続き，唐・蘭人の遊女への贈物，遊女携帯品の検査などとともに，遊女の妊娠・出産およびその子女の養育に関する心得を遊郭のあった丸山・寄合両町に出しました。その

コラム❺オランダとシーボルト

オランダに行く機会があれば、ライデンまで足を伸ばしてみてください。「出島通り」を発見したり、松尾芭蕉の句がでかでかと「荒海や佐渡によこたふ天河」と毛筆の日本語で書かれていたりして、びっくりです。川や水に関する各国の文学や詩から、一部をとったのだそうです。また、ライデン大学の植物園には、シーボルトが建てたといわれる東屋や日本庭園もあります。

オランダの国土の大部分が自分たちで作った開拓地で、海抜0メートル以下のところが多く、地面が運河より低い場所もあります。地球温暖化により、国土が沈むかもしれないという危機感を最も抱いている国のひとつです。

シーボルト事件の後、お滝さんが、自分とシーボルトとのあいだにできた娘であるおいねを忘れないでほしいと螺鈿細工で自分たちを描かせ、送りました。写真は、おいねさんです。父と別れた当時、どれだけ幼かったかがわかります。

シーボルト記念館所蔵

中で「唐人・阿蘭陀人の子、粗略に養育すべからず」[『長崎市史』風俗編下巻:23-24]という方針を幕府は打ち出しています。

唐人やオランダ人の子を宿す遊女のことを「少しも苦しからず」とし、懐妊したらすぐに申し出ることという申告制にしています。父親である唐人やオランダ人が子どもの出生を待たずして帰国する場合は、父親からの了承を得て、再び長崎に来航するまでの間、粗略に養育してはならない。いくら、父がその子を父の国へ連れ帰りたいという願い出があっても、その件は許しません、というものでした。日本人として育てるのですから、「海禁」は等しく適応されました。つまり、海を渡って海外へ行くことが禁じられた日本人と同様、「ハーフ」の子たちが海外へ行くことはできなかったのです。

日本の地図などを海外に持ちだそうとしていたこと（当時国禁でした）が発覚し、いわゆるシーボルト事件を起こした父は、1829年に日本を追われます。しかし、愛娘おいねを連れて帰ることはできませんでした。シーボルトは滝と結婚したくてもできませんでした。たとえ当事者どうしが婚姻関係にあると思っていても、「かれら」、「われわれ」という双方の集合体は、それを遊女（あるいは娼婦）との関係であるとみなし、妻との関係であるとは認めなかったといえるでしょう。オランダおいねは母方で育ち、外科医であった父のように女医

となります。

　国外追放となったシーボルトは二度と日本の地を踏むことはないとあきらめたのでしょう。49歳のとき，ヘレーネ・フォン・ガーゲルン（当時24歳）と結婚しました。ところが，歴史とはおもしろいものです。開国により，息子とともにオランダ商事会社顧問として再来日を果たしたシーボルトは，おいねさんと再会することになるのでした。

開国へ―唐人お吉の「看護名義のお仕事」

　嘉永6（1853）年黒船で来航したペリーは，翌（安政元）年日米和親条約（神奈川条約）を幕府に調印させることに成功し，下田，箱館（函館）の両港を開港させました。幕府はその後，イギリス，ロシア，オランダともそれぞれ和親条約を結び，主に長崎に限定し続けてきた世界への窓口が増えていくきっかけとなりました。

　安政4（1857）年，ハリスは幕府と日米条約（下田協約）を結びます。その中にはアメリカ側だけが領事裁判権をもつという，いわゆる不平等条約の条項もありました。神奈川や下田ではなく，江戸で交渉をしたかったハリスは，下田奉行に休息所としてあてがわれた玉泉寺を拠点にして，ねばり強く江戸上府を求めました。ところが孤軍奮闘するハリスは，持病の胃病を悪化させ吐血してしまいます。このとき実際の交渉にあたっていたのは，アムステルダム生まれでオランダ語はいうまでもなくフランス語，ドイツ語，英語にも堪能であったヒュースケンでした。このヒュースケンは早速，手許において「看病等実意ニ世話」をしてくれる2名の女性を差し出してくれるようにと下田奉行に懇願してきました。この看病人，つまり「看護名義のお仕事」が名目の女性2人のうちの1人がお吉で，もう1人はお福でした［吉田 1966］。

　下田奉行は，「お吉差し出し」に際して「売女接待の政策を以て外人の心を懐柔し，彼我の接触を円滑にし，彼の我に対する態度を緩和せん」という意図を明らかにしています。一方，老中らは，商館建設，官吏駐在のような大きな交渉は酒・女では動かしがたいというマトモな見解を示しています。各地に開国を約束したいま，出島・唐人屋敷方式を長崎のみに限定することには無理が

あることを，幕府は認識していました。

　お吉は遊女奉公へ出されていた形跡もなく，正式な遊女ではありません。港町で船のりの衣類などを洗濯しながら生計を立てていた，いわゆる洗濯女でした。洗濯女や飯盛女（文字どおり，旅籠や旅館で飯を盛りつける女性），酌婦（お酌をする女性）は，私娼をしていたことが多い職種の女性たちです。私娼とは，まさにプライベートに性を売ることで稼ぎを得ているという意味です。このようなお吉を選んで差し出したことは，奉行側は明らかに遊女型の接待を念頭においていたことがわかります。遊女を差し出すことができなかったのは，ひとえに下田に公娼制度がなかったためでした。私娼に対して，公娼とは公，すなわち幕府や政府がプロのセックス・ワーカーを指定した場所（たとえば江戸の吉原とか長崎の丸山など）で正式な仕事として認めている場合にいいます。この頃，異国人のための公娼制度があったのは長崎だけで，しかも，公娼制度を利用できたのは鎖国体制下から交易関係を結んでいたオランダと清国だけでした（ちなみに，現代社会では公娼はあってはならないことになっています。援助交際など金銭が絡む性的サービスを行う女性は，私娼に分類されます）。

　ところで，お吉はたった3日で暇を出されます。「ハリスの期待していたのは真の看護婦であったが，因果を含められてあがったお吉の『看病人の名目』のしぐさに，ハリスが不審を感じて，三夜で解雇した」[吉田 1966] のではないかと，吉田常吉先生は解釈しています。その後，お吉は明治23（1890）年，酒癖を患ったあげく，お吉ヶ淵に身を投げ50歳の生涯を終えたのです。一方，ヒュースケンにかしづいたお福は，「唐人お福」を約5カ月間勤めあげたのち，他家に嫁し船宿の女房として暮らしたそうです。

「正式な妻」への過渡期的形態——ラシャメンおちょう

　オランダ副領事ポルスブルックは，1859（安政6）年6月18日にオランダ副領事に任命されたとき，神奈川にいました。幕府はなんとか彼を横浜へ移住させようとします。なぜかというと，当時激化していた「夷人切り」への防衛策としては，横浜へ移ってくれない限り身の安全を保障できないというのが，幕府の外国担当「副奉行」の言い分でした。その頃の彼の日記を見てみましょう。

副奉行の言うことはもっともであり，幕府が横浜の湾岸に私の設計に従った領事館を建ててくれるなら，神奈川を立ち去ることを約束する，と私は答えた。そうしたら，幕府からその建物を借り受けよう，とも言った。
　私の条件はすぐ満たされて，それから十日後に私は自分の会社用に立てられた横浜の家へ移住した。三ヶ月後領事館が完成し，きちんと立派にできた。大変広い庭が建物の周りを全部囲んでいた。……特に配慮が行き届いていると思ったのは，家政婦小山おちょう（江戸の茶の商人の娘）のために，一階に三室，二階に二部屋あるこぎれいな家を垣根を隔ててこの庭に建ててくれたことである。私がこのことについて御礼を言うと，彼女は日本の習慣では法的な夫人とみなされ，間もなく子供が生まれる今や(ママ)，私のそばに置かなければならないのだ，という返事であった。（傍点：嘉本）

[ムースハルト編著 1995：199]

　「家政婦小山おちょう」は「ラシャメン第一号」とされる日本人女性です。日記によると，日本側のおちょうの位置づけは「日本の習慣では法的な夫人」，すなわち傭妾です。傭妾とは「ようしょう」とか「やといめかけ」と読み，1年間の契約で「妾」（めかけ）をする労働契約上の妾，ということです。妾とは正妻ではありませんが，妻のお仕事である，身の回りの世話からセックスにいたるまで，雇われてするのが傭妾です。

　特に外国人の妾になるものは，「洋妾」あるいは「ラシャメン」と呼ばれるようになります。一方，オランダ側の認識が「家政婦」であるということは，注目すべきでしょう。

　ポルスブルックが情報収集に公的ルートだけではなく，さまざまな手段を使うことができたことについて，彼の日記の編者であるムースハルトは「日本人妻と暮らしていたことが有利に働いたのかもしれない」[同書：12]といっています。このようにムースハルトは「日本人妻」と記述しながらも，「オランダの貴族名簿によると，一八五九年の七月十四日に結婚したそうである。しかし当時日本人女性との結婚はできなかったから，これは非常に疑わしい」[同書：12]としています。たしかに同年6月18日にオランダ副領事に任命されたことを考えると，1カ月もたたないうちの結婚というのは性急すぎます。もし，正式な結婚がこのとおりだとしても，3カ月後に完成した領事館にともに暮らすのであれば「妻おちょう」とあってもいいのですが，ポルスブルックの表現に

> **コラム❻ふるあめりかに…**
>
> 　有吉佐和子『ふるあめりかに袖はぬらさじ』(中央公論社, 1982年)は, 実際にあった横浜の岩亀楼という遊郭にある伝承をもとにした有吉の創作です。喜遊(あるいは亀遊)という遊女が, アメリカ人に買われようとした際,「露をだもいとふ倭(やまと)の女郎花　ふるあめりかに袖はぬらさじ」という世辞をうたって, 自害したという伝承です。
>
> 　露は, 男女の性的関係を暗示しています。倭は日本人をさします。女郎花はオミナエシという秋の黄色い草花をさしますが, 同時に女郎, つまり遊女を意味します。アメリカが袖を振っても, つまり好意を示しても, 自分の袖は濡らしませんよ, つまり性的関係など金で買われても拒否します, という意味にとれます。
>
> 　白人男性に対する日本人女性のアコガレは歴史的に形成されたものだということがわかります。

は「家政婦小山おちょう」とあります。「妾」の仕事に忠実であれば, 子どもも生まれます。ポルスブルックは「一八六一年六月八日, 息子誕生。ピートと命名した」[同書：121]とのみ記しており, その母が誰であるかの明言は避けています。

　ラシャメンまたは傭妾は, 制度化された国際結婚により「妻」という座を獲得するための過渡期的形態であるといえます。それは傭妾から看護師, サーヴァント(使用人, 召使)までの幅がありますが, 正式な遊女でもなければ, 正式な妻でもありません。外国側がたんなる家政婦や, 看病をしてくれる女性を要求したとしても, 日本側があてがった婦人には「売女」の含みをもたせてあったことは明らかです。こうして, 異国人に「奉公」する女性は, 確実に増えていったのでした。その「奉公」のなかに「妾奉公」といって有期雇用の「契約妻」という仕事が当時あったのです。

マダム・バタフライ―蝶々夫人

　イタリアのプッチーニ作のオペラ『マダム・バタフライ―蝶々夫人』は, 日本の長崎を舞台にした歌劇です。長崎の観光名所のひとつに, マダム・バタフライの舞台のようなグラバー邸があります。近年, このグラバー(スコットランド人)の日本人妻ツルが, マダム・バタフライのモデルであったという説が出されました[野田1995；楠戸・野田1997]。幕末の武器商人であり, また薩摩藩

士を秘密裏にイギリスへ留学させることに手をかしたのもグラバーでした。その財力は，相当なものでした。

マダム・バタフライこと蝶々さんは日本人女性で，武家の娘でした。ところが，父は切腹せざるをえなかったため，蝶々さんは芸者になります。アメリカ人のピンカートンに見初められ，ピンカートンにとっては「遊び」の結婚式を挙げます。この式のシーンは，契約書にサインする舞台設定になっていることが多く，私は，このシーンを見るたびに，「傭妾の契約だ」とついつい職業病をだしながら見てしまいます。

一方の蝶々さんは真剣そのもので，キリスト教にまで改宗しますが，ピンカートンはやがてアメリカへ帰ってしまいます。帰国後，ピンカートンとの間に生まれた子どもと毎日夫の帰りを待ちわび，ほかからの誘いを断って操をまもる蝶々さん。3年の月日がたったころ，ピンカートンが長崎へ帰ってきます。「ごらん，ぼうや，あれがあなたのお父さんが乗った船よ」と指さしている銅像がグラバー邸にはあります。日本が世界に誇ったオペラ歌手三浦環がモデルです。ところが，ピンカートンは，アメリカ人の正式な妻を伴っていたのです。それを知った蝶々さんは…… 続きは是非，劇場で。

この舞台は，日本を茶化している場面もありますが，アメリカ人のピンカートンが悪者で，日本人女性はえらく美化されています。「人生における最高の生活とは？」から始まる有名なジョークに「アメリカで給料をもらい，イギリスの住宅に住み，中国人のコックを雇い，日本人を妻にすることさ」［早坂2006：149］*というのがありますが，まさに19世紀の帝国植民地支配の遺産のようなジョークですね。白人男性の日本人女性に対するアコガレは，このように歴史的に形成されたともいえるでしょう。

さて，いつから日本人女性は「正式な妻」となることができたのでしょうか。

* なお，このジョークには続きがある。「では，最低の生活とは？」「中国で給料をもらい，日本の住宅に住み，イギリス人のコックを雇い，アメリカ人を妻にすることさ。」

【参考文献】
有吉佐和子［1982］『ふるあめりかに袖はぬらさじ』中央公論新社
家田荘子［2000］『イエローキャブ―「成田を飛び立った女たち」』講談社（初版恒友出版，

1991年)
岩生成一［1958］「史上のじゃがたらお春」長崎史談会編『長崎談叢』38
岩生成一［1974］『日本の歴史14 鎖国』中央公論社（初版1966年）
嘉本伊都子［2001］『国際結婚の誕生―〈文明国日本〉への道』新曜社
楠戸義昭［1997］『もうひとりの蝶々夫人―長崎グラバー邸の女主人ツル』毎日新聞社
国際結婚を考える会編著［1987］『国際結婚ハンドブック―外国人と結婚したら…』明石書店（新版1994年，第2版1998年，第3版2000年，第4版2002年，第5版2005年）
小山騰［1995］『国際結婚第一号―明治人たちの雑婚事始』講談社
竹下修子［2000］『国際結婚の社会学』学文社
竹下修子［2004］『国際結婚の諸相』学文社
筑波君枝編［1996］『国際結婚の基礎知識―出会いから在留特別許可まで〔第2版〕』明石書店（初版1995年，第3版2001年）
西川如見［1942］『町人嚢・百姓嚢長崎夜話草』岩波書店（1719年著，文庫版初版1942年）
野田和子［1995］「グラバー夫人ツルに関するに問題の再考証―倉場富三郎の実母説と『蝶々夫人』のモデルについて」長崎史談会編『長崎談叢』83
早坂隆［2006］『世界の日本人ジョーク集』中央公論新社
皆川三郎［1977］『ウィリアム アダムス研究―歴史的展望と人間』泰文堂
ムースハルト，ヘルマン編著／生熊文訳［1995］『ポルスブルック日本報告（一八五七－一八七〇）―オランダ領事の見た幕末事情』雄松堂出版
ヤンソン由実子［1981］『国際結婚―愛が国境を越えるとき』PHP出版
吉田常吉［1931］「鎖国時代に於ける我が女性と混血児の問題（一）（二）」『歴史地理』78(5), 78(6)
吉田常吉［1937，1938，1939］「幕末外交史上に於ける外国人休息所及び買女接待の問題（一）（二）（三）（四）」『国史学』32, 35, 36, 37
吉田常吉［1938］「幕末に於ける鎖国政策破綻に関する一考察―海外渡航問題を中心にして」植木博士還暦記念祝賀会編『植木博士還暦記念国史学論集』
吉田常吉［1966］『唐人お吉―幕末外交秘史』中公新書
ループ，ゲイリー／庄山則子訳［1994］「一五四三年から一八六八年の日本における異人種間関係について―戦国および近世における人種混交と人種意識」脇田晴子・S. B. ハンレー編『ジェンダーの日本史 上―宗教と民俗 身体と性愛』東京大学出版会
Leupp, Gary P. ［2003］*Interracial Intimacy in Japan : Western Men and Japanese Women, 1543-1900*, Continuum

【史　料】
『徳川禁令考』（前集第6），司法大臣官房庶務課［編］石井良助校訂，法制史学会編，創文社，1959年
『長崎市史』（風俗編下巻）清文堂出版，1967年
『長崎年表』（第1巻）小沢敏夫著，ぐろりあ書房，1935年

歴史編❷

ナポレオンと国際結婚の意外な関係

イギリス領事からの問い合わせ—慶応3年と明治5年

　幕末に開国を迫られてから，開港された場所では，日本人女性と外国人男性の「交流」が日増しに拡大し，深まっていきました。

　国際結婚について，正式に問い合わせてきたのはオランダでも清国でもなく，イギリスでした。慶応3（1867）年の英国領事マイボルグから神奈川奉行水野若狭守良輔へ書簡が出されます。1867年5月30日付の書簡には「日本において外国人と日本人の婚姻を禁止する法があるかどうかを教えてほしい。外国にあっては各国の民が相互に婚姻を取り結ぶことは常識である」［『続通信全覧』類輯之部一四：676（現代語訳嘉本，以下同じ）］という内容が書かれていました。神奈川奉行は，「外国人と日本人との婚姻について老中へ申立を行ったところ，日本人と条約締結の国民との婚姻を許可し，尊卑の差別なく双方が願い出，婚儀が整えばよい」［同書：684］という返事を英国領事にしています。つまり，幕末に，国際結婚を認める方針を打ち出していたのです。

　尊卑を区別することなく，国際結婚を認めようとしたのは，身分制社会である江戸時代では考えられないことです。同じ身分のものどうしの結婚が大前提であるのに，ましてや，外国人との結婚を許すというのは，身分制社会の原則が崩れつつあったことのあらわれかもしれません。案の定，翌年に大政奉還となり，徳川幕府そのものが崩壊していったのでした。

　明治時代になって，英国領事ロバートソンは，神奈川奉行ではなく神奈川県権令大江卓へ，2度めの問い合わせをしています。1872年12月19日付の書簡は，次のような内容でした。「第一に，英国人民であるイギリス人男性と『日本之婦人』が結婚する場合，日本の政府はどのように対処するのか。第二に，その

結婚が認められるとしたら，その日本人女性に付随する金銀などの動産，地面や家屋などの不動産は夫に属することになるのだろうか。第三に，この回答は緊要であり，詳細を教えていただければ幸いである」〔『明治前期身分法大全』第1巻：257〕。幕末よりも具体的に，イギリス人男性と日本人女性が結婚する場合としています。さらに女性の財産についてどうなるかと抜け目なく聞いてきているところが，帝国主義の覇者イギリスらしいところですね。

　イギリス領事の問い合わせから3カ月後，明治政府の関係諸機関で議論をした末，明治6年3月14日太政官布告第103号を布告しました。1873年に日本において，初めて「国際結婚」を規定した法律で，内外人民婚姻条規ともいいます。

明治六年三月十四日太政官布告第一〇三号（内外人民婚姻条規）
自今外国人民ト婚姻差許，左ノ通条規相定候条此旨可相心得事
一，日本人外国人ト婚姻セントスル者ハ日本政府ノ允許ヲ受クヘシ
一，外国人ニ嫁シタル日本ノ女ハ日本人タルノ分限ヲ失フヘシ若シ故有ツテ再ヒ日本人ノ分限ヲ復セン事ヲ願フ者ハ免許ヲ得能フヘシ
一，日本人ニ嫁シタル外国ノ女ハ日本国法ニ従ヒ日本人タルノ分限ヲ得ヘシ
一，外国人ニ嫁スル日本ノ女ハ其身ニ属シタル者ト雖モ日本ノ不動産ヲ所有スル事ヲ許サス，但シ日本ノ国法並日本政府ニテ定メタル規則ニ違背スルコトナクハ金銀動産ヲ持携スルハ妨ケナシトス
一，日本ノ女外国人ヲ婿養子ト為ス者モ亦日本政府ノ允許ヲ受クヘシ
一，外国人日本人ノ婿養子トナリタル者ハ日本国法ニ従ヒ日本人タルノ分限ヲ得ヘシ
一，外国ニ於テ日本人外国人ト婚嫁セントスル者其近国ニ在留ノ日本公使又ハ領事館ニ願出ノ許可ヲ乞フヘシ公使及ヒ領事館ハ裁下ノ上本国政府ヘ届出ヘシ

〔『明治前期身分法大全』第1巻：256〕

　まず，国際結婚する場合は，政府の許可が必要であるとしました。第2条では，日本人女性が外国人男性に嫁入りした場合，「日本人タルノ分限」を失うということが規定されています。

　ここで注目してほしいのは，「国籍」ではなく「日本人タルノ分限」という言葉で表現されたことです。この内外人民婚姻条規をつくる際，参考にしたのはフランスのナポレオン法典でした。箕作麟祥は明治政府の命を受けて，ナポレオン法典を翻訳しました。その翻訳書『仏蘭西法律書』の表現と内外人民

婚姻条規はよく似ています。たとえば、フランス民法人事篇には「仏蘭西人ニ嫁シタル外国ノ女ハ其夫ノ分限ニ従フ可シ」［『仏蘭西法律書』1875：66］（第1巻，第1章第12条）とあります。内外人民婚姻条規の第3条とそっくりです。ほかにも「外国人ニ嫁シタル仏蘭西ノ女ハ其夫ノ分限ニ従フ可シ。若シ其女寡婦トナリシ時既ニ仏蘭西ニ居住シ又ハ仏蘭西ニ居住ヲ定ム可キ申述ヲ為シテ皇帝ノ允許ヲ受ケ仏蘭西ニ帰リタルニ於テハ仏蘭西人タルノ分限ヲ復ス可シ」［同書：68-69］（第19条）とあります。つまり、外国人に嫁いだフランス人女性は、外国人の夫の「分限」に従うのですが、もし、外国人の夫が死亡したりして「寡婦」となった場合、フランスに住むところを構えるならばフランス皇帝の許可を得て「フランス人タルノ分限」に復帰できると規定しています。内外人民婚姻条規第2条の規定とそっくりです。つまり、「フランス人」が「日本人」に入れ替わっただけという箇所があります。

　しかし、1つだけ重大な相違があるのです。じっと、内外人民婚姻条規をみていると「えっ？」と思うものがありませんか？　その答え合わせは後ほどにしましょう。

ナポレオン法典とフランス人権宣言―女は市民じゃないの？

　「文明国」のお手本のひとつであるフランスの法律、いわゆるナポレオン法典を模倣することで、内外人民婚姻条規はできました。「人は生まれながらにして自由、平等である」と高らかに謳ったフランス人権宣言同様、ナポレオン法典も近代国民国家を考えるうえではなくてはならないものです。日本にナポレオンこそ攻め入ってきませんでしたが、1800年代初頭にこの法典が成立して1世紀もたたないうちに極東の日本に上陸したことになります。

　しかし、いくらナポレオン法典を模倣したからといって、明治日本が文明国としてみなされるわけではありません。内外人民婚姻条規を通達された西洋諸国のなかには、この規定は、まったく無効であると主張した国もありました。各国のなかで最も熱心に抗議した国は、あの問い合わせをしてきたイギリスでした。しかも、その抗議内容も過激で、イギリス人民に関する部分は、この内外人民婚姻条規はまったく空虚であって施行することは困難であると言い放っ

たのです。イギリスの主張は，日本人のために立法する権利は日本政府にあることは疑いの余地はないことだ。しかしながら，条約国は，それぞれの臣民に対して立法権をもっているのであるから，日本政府が条約国の人民に対して立法することはできない，というものです［『大日本外交文書』第6巻：701-704］。ロシアやドイツからも同様の抗議がなされました［同書：707-708，699］。それらは，治外法権を含む不平等条約を前提にした抗議なのです。内外人民婚姻条規は，条約国からすれば，「非文明国」による「内政干渉」に匹敵するものでした。

　当時の文明国からしてみれば，日本は「未開」「半開」，さらに言葉を強くするなら「野蛮国」でしかなかったからです。野蛮な国の法律によって，文明国の女性が「日本人タルノ分限」を押しつけられるようなこと自体，承服しがたいことでした。内外人民婚姻条規により日本政府が認めた「国際結婚」は，日本の法律によってのみ成立したものであって，序であげた2つの条件を満たしていません。日本が近代国民国家になることが，国際結婚の成立には，どうしても必要だったのです。なぜ，日本が野蛮国とみなされていたのか，いくつか理由がありますが，領事裁判権という，外国人が起こした民事・刑事事件に日本は介入できない，という不平等条約を結んでいたということを，ここでは覚えておいてください。

　1789年に「人間と市民の権利宣言」，通称フランス人権宣言は，「天」にも「神」にもよらず人間は生まれながらにして自由・平等であることを宣言しました。フランスは自由と平等をフランス革命により獲得したことは歴史で習ったことでしょう。

　フランス人権宣言の第6条は「法律は，一般意志の表明である。すべての市民は，みずから，またはその代表者によって，その形成に参加する権利をもつ」［辻村 1992：428］と市民に立法権があることを明確にしています。また，第3条では「すべての主権の淵源は，本質的に国民にある」［同書：430］ともいっています。国民主権は，近代国民国家の基本原則のひとつですね。国家の成員，つまり市民社会の成員である限り，人間は権利と義務の名のもとにその自由と平等が保証されます。市民イコール国民です。

　フランス革命が起こったことにより，それ以前とそれ以後では革命的な違い

> **コラム❼ グージュとクリスティヴァ―処刑台にのぼる権利**
>
> オランプ・ドゥ・グージュ（1748年5月7日-93年11月3日）は，「女性（femme）および女性市民（citoyenne）の権利宣言」を1791年に刊行しました。もちろん，1789年のフランス人権宣言を模しています。Hommeとされる人間に，男性は含まれているが，女性は含まれていないことを白日のもとにさらしました。その中に「女性は，処刑台にのぼる権利をもつ。同時に女性は，……演壇にのぼる権利をもたなければならない」（第10条）とあるのは有名です。なぜなら，恐怖政治期に逮捕され，彼女は処刑されてしまうからです。人権宣言と女性の権利宣言の見事な対比は，辻村みよ子『女性と人権―歴史と理論から学ぶ』（日本評論社，1997年）の資料編をご覧ください。
>
> 私は，グージュを知る前に，ジュリア・クリスティヴァの『外国人―我らの内なるもの』（池田和子訳，法政大学出版局，1990年）を読んで，初めておもしろいなあと思ったのです。クリスティヴァは，有名なフェミニストの一人でもありますが，ブルガリアからフランスへ亡命したユダヤ人です。ユダヤ人であるカール・マルクスが『ユダヤ人問題によせて』（岩波文庫）で問題にしたのもフランス人権宣言でした。男でも，ユダヤ人であるがゆえに政治的権利が与えられないのはなぜかという問題です。単純に男か女かで考えてはならない問題が，常に「人権」にはあります。

があります。それはなぜフランス革命が近代国民国家成立にとって重要な歴史的事件のひとつであるのかということと関連しています。革命後，この市民＝国民に，第一身分，第二身分，第三身分まで入れることができたこと，これが革命の成果なのです。シェイエスの「第三身分とは何か」は有名ですが，98％の人口を占める人々が市民として，国民として認められるのは，フランス革命以後なのです。「パンをお食べになれないのであれば，ケーキをお食べになったら？」と一部の貴族や僧侶が贅沢を尽くしていました。パンすら食べられない状態に民衆は立ちあがったのです。ベルサイユ宮殿に行ってみてください。なぜ革命が起こったのか，肌で感じることができると思います。

「人間と市民の権利宣言」は，近代社会の幕開けとして画期的な「きっかけ」でした。歴史に「もし」は禁物ですが，フランス革命が起きなければ，監獄での性的虐待事件や暴動が起こった際に武装していない市民を撃ち殺しても，「人権」の名のもとに非難する感覚も，「人権」を保護する感覚も私たちにはなかったでしょう。捕虜になれば日本軍がかつてしたように，どれだけ残忍な行為をしてもそれは非難の対象にはならないわけです。人間は生まれながらにし

て自由・平等であるとフランス人権宣言が宣言したことは，まさに「コペルニクス的転回」だったといえましょう。

ところが，オランプ・ドゥ・グージュが指摘したように，その人間（homme）は男性（homme）であり，人権宣言は女性と女性市民の権利が排除されていました［辻村 1992：124］。ジュリア・クリスティヴァは「ここにおいて国民としての存在と普遍的自然的人間を区別しておこうという慎重さがみられたことは注目に値する」［クリスティヴァ 1990：186］として，人間が 'homme' と 'citoyen' に区別されていることを指摘しています。'citoyen' というフランス語もむずかしい言葉です。市民（英語だと citizen）と訳されたり，公民と訳されたりします。現在の感覚だと市民は，疑いもなく男女を含むものだと思われがちですが，ナポレオンの時代にあっては「自由にして平等な権利を有するものとして生まれ生きる」ことができる人間は，男性に限られていたわけです。女性の参政権がいつ頃から認められたかを考えても，ずいぶん長い間，女性は市民ではありませんでした。国民であっても市民ではない存在，それが女，子どもです。

さらに，クリスティヴァがいうように「これほど明快な民主主義はなかった，何者をも除外しないというのだから——但し外国人でない限り……」［同書 1990：186］という点に注目したいと思います。フランス革命は，男性市民に立法権を付与しました。そして，その参政権を行使できる前提条件は「フランス人たる資格」をもつことでした。さらに，19世紀初頭のナポレオン戦争は，近代的かつ国民的軍隊を率いてヨーロッパ大陸を支配下におさめていきました。モナリザの絵で有名なルーブル美術館は，ナポレオンが各戦地から持ち帰った戦利品の展示場です。

ナポレオン法典と内外人民婚姻条規の共通点——夫婦国籍一元主義

ナポレオンがしかけた戦争により，ヨーロッパ各地において人々は住所地と国の変更を余儀なくされました。それまでの住所地を国籍と一致させる慣行から，血統や帰化を原則とする国籍へと変化させていきます。国籍の有無は，市民として立法権をもつかもたないかに直結します。そのために国籍に関する法

律が必要とされたのでした。1804年から法典化されたナポレオン法典の第10条は「外国ニ於テ生レタル仏蘭西人ノ子ハ仏蘭西人ナリ」[『仏蘭西法律書』1875：66]としました。この意味は，フランス人である父の子で，外国で生まれた者はすべてフランス人であるということです。フランス人である父の血統が優先されることから，父系血統優先主義と言われます。こうして，それまでの地縁を重視する考えから，血統的な継承を重くみる方向へと国籍原則が変化していったのです（現代のフランスは生地主義を基本とし，隣国ドイツは日本と同じ血統主義を基本としています）。

　ナポレオン法典は，「夫婦国籍一元主義」[野田 1961：28-29；利谷 1976：100-101] を成文法規として採用した最初の例としても重要です。外国人と婚姻する女性は，その夫の国籍に従うことを規定したので，夫婦はひとつの国籍になるわけです。第19条では「外国人ニ嫁シタル仏蘭西ノ女ハ其夫ノ分限ニ従フ可シ」[『仏蘭西法律書』1875：68] とし，国際結婚の場合，妻の国籍変更は婚姻締結の効果として自動的に発生するものとしました。婚姻関係においては，妻は夫に従うものだという思想がうかがえます。「人は生まれながらにして自由・平等である」と高らかに謳ったフランス人権宣言がそうであったように，西洋近代国民国家の原型であるナポレオン法典も，男女不平等でもって婚姻を規定しました。先ほどの「市民」のなかに女性が入らないことは，結婚によって妻の国籍が夫の国籍に自動的に変わることに疑いをさしはさむ余地を与えていないことからもわかります。

　この「夫婦国籍一元主義」あるいは「夫婦国籍同一主義」の確立，そして父の国籍が子に継承されるのだという父系血統優先主義を明文化したナポレオン法典は，近代的な国籍概念成立のうえでも重要な法典です。それは，ナポレオン戦争によってヨーロッパ諸国が追従した，あるいは追従を余儀なくされた，西洋近代国民国家の規則に大きな影響を与えたのです。もちろん，その背後には，フランスにおける民族主義の高揚があったことを忘れてはなりません。

　後に，婚姻による妻の国籍変更の効果を認めず，夫婦相互の国籍の独立性を認めようとする動きが出てきました。これを，「夫婦国籍二元主義」あるいは「夫婦国籍独立主義」といいます。それは第一次世界大戦がきっかけだったの

> **コラム❽ 国旗と国歌**
>
> フランスの国歌,ラ・マルセイエーズは,フランス革命期に誕生しました。1792年,職業軍人で固められたプロシア・オーストリア軍に対して,フランス革命で勝ち得た「自由・平等・博愛」を守り抜くために,フランス各地から集まった若者たちが戦ったときの歌だといわれています。「武器をとれ! 市民よ!」と呼びかけているのですから。「自由・平等・博愛」を示す3色がトリコロール,すなわちフランスの国旗として描かれているという説もあります。アメリカの国歌もそうですが,イギリスから独立する「戦い」のなかから生まれています。
>
> 爆弾や血が歌詞の中に含まれ,愛国心を鼓舞するようなリズムの国歌に対して,日本の「君が代」はお通夜のような曲だと,オリンピックや国際大会があるたびに思いませんか? たしかに「君」は天皇をさすという解釈もあり,「君が代」斉唱(あるいは斉唱の強制)に反感をもつ人たちもいます。しかし,天皇のための戦いから生まれた曲でしょうか? 歌詞の内容も,あなたの代が,石がころがり,大きな岩となって苔が生い茂るようになるまで,いつまでも続きますように,としか歌われていないのです。「君」を世界の人々だと解釈し,いつまでも平和な代でありますようにと解釈すれば,心穏やかでいられるのですが。
>
> 世界の国家の歌詞を検討してみると,その国の近代がみえてくるかもしれません。

です。ドイツ人女性とイギリス人男性が結婚した場合,敵国であるドイツ人女性が婚姻により自動的にイギリス国籍を取得すると,いくらでもスパイ活動ができるという,戦略上の問題が生じてきたからです[二宮 1983]。

ヨーロッパの近現代史は,大きな世界大戦の歴史でもあります。国と国を巻き込む国際結婚の規定を左右したのは,戦争なのです。国際結婚の歴史は国際情勢,特に戦争の歴史と深くつながっています。

ナポレオン法典と内外人民婚姻条規の相違点―ラフカディオ・ハーン

ナポレオン法典と内外人民婚姻条規の大きな違いを見つけることはできましたか? 1873年に布告された内外人民婚姻条規(明治6年3月14日太政官布告第103号)の第6条を見てください。「外国人日本人ノ婿養子トナリタル者ハ日本国法ニ従ヒ日本人タルノ分限ヲ得ヘシ」。つまり,日本人の家に婿養子に入る外国人男性は,「日本人タルノ分限」を得ることとあります。この規定により日本人になったアイルランド人とギリシャ人の「ハーフ」が,小泉八雲ことラ

フカディオ・ハーンです。ハーンの場合，妻小泉セツの父親はすでに死亡していましたので，このように養親がいない場合は「婿養子」ではなく「入夫」として扱われました。ハーンは明治28（1895）年に「入夫」として小泉家に入り，「日本人タルノ分限」を得ていた，つまり，日本に帰化したことになるのです。この当時，外国人が日本人になるためには，この内外人民婚姻条規によって嫁入りするか，婿入りするしか方法がなかったのです。

　この時代の日本のことを知るのにチェンバレン著の『日本事物誌』は大変役立ちます。日本人にとって「あたりまえ」のことでも外国人にとっては「あたりまえではない，不思議なこと」と映ります。では「帰化（Naturalisation）」の項をひいてみましょう。すると「『養子縁組』の項目を見よ」と出てきます。もうおわかりですね。

> 養子縁組（Adoption）：ごく最近まで，外国人が帰化する唯一の方法は，娘のいる日本人のところに養子に入ることであった。これは冗談に聞こえるかも知れないが，そうではない。まじめな法律的事実であって，多くの司法当局や領事館が認めている手段であり，幾つかの信頼できる例［ラフカディオ・ハーンの場合など］に見られる。実際，この国に帰化しようと思う人びとにとっては，それは今でも，もっとも実行の容易な方法である。　　　　　　　　　　　　　［チェンバレン 1969：11-12］

　チェンバレンの本の翻訳者，高梨健吉が付記したように，ラフカディオ・ハーンは代表例なのです。そして，当時の西洋人にとっては，それは「冗談」，つまり「ありえない」方法でした。養親にとって養子縁組した男性は，息子であり親子関係となります。その息子と娘が夫婦となるのは兄妹が結婚するようなもので，近親相姦となってしまいます。婿養子の規定は，当然ナポレオン法典にはありません。なぜならインセスト・タブー（近親相姦禁忌）だからです。

　アジアで広く行われていたかというと，お隣の韓国では「他人養子」は考えられないことです。つまり，その家に娘しかいなくて，息子がいない場合，跡継ぎには，たとえば父の兄弟の次男坊を養子にするというように，同じ父方の姓をもつ親族のなかから養子を迎えるという具合に徹底的に「父系の血」が優先されました。ところが，日本は婿養子という，その家系には関係ない赤の他人を迎え入れます。父系かどうかということよりも，日本は家そのものが絶え

てはならないと考えます。ですから男性でも，その家に婿に入れば，妻の家の苗字になるわけです。

　国際結婚を初めて法文化した規定に，外国人の婿養子を規定していたことは特筆に値するのです。ところが，もう一度，内外人民婚姻条規を見てください。日本人男性が外国人のところに婿入りすることが想定されていますか？　そのような条項は見あたりません。日本人男性は，どんなことがあっても日本人をやめることはできませんでした。

外国人婿養子たちの「日本人への道」

　内外人民婚姻条規によって，婿養子に入った外国人男性がすんなり「日本人タルノ分限」を得ることができたかというと，そうではありません。「英国所領印度人」の場合，つまり，植民地にしていた有色人種のインド人の男性２人が日本人女性の婿になりたいと申し出たときは，イギリス政府は何も反対しませんでした。ところが，本国イギリスあるいは，オーストラリアやニュージーランド出身である白人男性となると，なぜイギリス人男性たるものが日本の法律によって日本人にならなければならないのだ，承知できないと目くじらたてて抗議しました（詳細は嘉本［2001］第５章参照のこと）。

　同じイギリス国籍でも，有色人種の婿入りは許可するのに，白人だと外交上のトラブルになりかねないことを恐れた明治政府は，人種はどうであれ「外国人」で婿養子になりたいものは「宣誓書」を書かせておくことにしました。オーストリア出身のヘンリー・ジェームス・ブラックの父はスコットランド人で有名なジャーナリストでした。ブラックが石井アカという女性の家へ入夫（アカさんの父親は亡くなっていたようです）する際の「宣誓書」が残されています。それは英国臣民の義務やその王に対する忠節を捨て，日本国の天皇陛下に忠誠を尽くし，日本臣民の義務を果たすという内容の宣誓書で，明らかに明治政府が雛形を示し，そこにブラックがサインするというかたちで行われました。大日本帝国憲法が1889（明治22）年に欽定憲法，すなわち天皇によって制定された憲法として発布された４年後の明治26年のことです。国際結婚関連の資料にあたっていて初めて「天皇」が出てくる誓約書としても，貴重な資料です

(『内外国人結婚簿 明治二十六年 官房外務掛』）。

　ヘンリー・ジェームス・ブラックは，浅草で完璧な日本語で講談をする落語家のような漫才師のようなことを生業にしていました。ブラックは，いつも日本人男性と仲よく暮らしていたようです。「男色」，今の言葉でいうならゲイ（同性愛者）であったにもかかわらず，石井家に入夫することを明治政府から許されたという意味でも，大変興味深い例です。警察署長が警察官に調べさせて，ブラックの素行がわかったうえで許可を出しているからです。ブラックにしてみれば，日本人になりたかったのでしょう。しかし，男同士では夫婦になれません。日本で「日本人」として暮らすには，婿養子になるしかなかったわけです。そこで，母と娘しかいない石井家のところに入夫することにしたのではないでしょうか。石井親子もブラックが「ゲイ」であることは承知のうえだったと思います。しかし，数年後には離縁しています。その当時は，離婚しても「日本人タルノ分限」を失うことはありませんでした。

　オランダ人男性が婿養子になりたいと言ってきたときのオランダ領事は，日本人女性がオランダ国籍になるのだと勘違いをしていました。アメリカ領事の場合は，国籍離脱について，領事の自分は異議申し立てをする立場にないと答えました。アメリカが国籍離脱は天賦固有の権利であるとしたのは，明治元（1868）年のことでした。アメリカの独立は，フランス革命に多大な影響を与えましたが，アメリカ独立戦争によってイギリスから独立し，承認されたのは1783年です。アメリカが独立を勝ち取るためには，イギリス国籍を離脱し，アメリカ国籍を創出する必要が建国の歴史の中にあります。アメリカ人になりたい人のために，もともとの国籍を捨てる権利を保障しなくてはアメリカ人を増強できなかったという移民国家は，ほかのアメリカ大陸の多くの国々がそうであるように，国籍は生地主義を採用しています。国際結婚では，たんに文化が異なるだけではなく，国籍のような制度的な違いも重要です。その制度の相違は，それぞれの国の歴史的背景の違いからくることに注意しましょう。

　しかし，イギリスもフランスも日本も，男性が自らの国籍離脱をすることはよしとしませんでした。イギリスでさえ，国際結婚によるイギリス人女性の国籍離脱を認めたのは，1870年にすぎません。ですから，1873年の内外人民婚姻

条規は，文明国にひけをとらないばかりでなく，婿養子や入夫として日本人女性の「家」に入る外国人男性の国籍を，婚姻によって自動的に「日本人」に変更させるという，ある意味「革新的」な規定を盛り込んでいたわけです。しかし，当時の欧米人にとっては，それは「蛮行」にほかならずチェンバレンが養子縁組の項目で書いたように，「冗談」のような規定であったわけです。

　日本における最初の国際結婚を規定する法律は，ナポレオン法典のほぼまる写しでした。しかし，この婿養子の国際結婚規定は，唯一，ナポレオンもびっくりの和洋折衷，東洋と西洋の融合であったのです。

【参考文献】
クリステヴァ，ジュリア／池田和子訳［1990］『外国人—我らの内なるもの』法政大学出版局
チェンバレン，B・H／高梨健吉訳［1969］『日本事物誌1』平凡社（東洋文庫）
辻村みよ子［1992］『人権の普遍性と歴史性』創文社
辻村みよ子［1997］『女性と人権—歴史と理論から学ぶ』日本評論社
利谷信義［1976］「近大法体系の成立」『岩波講座日本歴史 16 近代3』岩波書店
二宮正人［1983］『国籍法における男女平等』有斐閣
野田良之［1961］「明治初年におけるフランス法の研究」『日仏法学』1
マルクス，カール／城塚登訳［1974］『ユダヤ人問題によせて—ヘーゲル法哲学批判序説』岩波文庫

【史　料】
『続通信全覧 類輯之部 十四（規則門・法令門）』外務省編纂，雄松堂出版，1985年
『内外国人結婚簿 明治二十六年 官房外務掛』東京都公文書館
『仏蘭西法律書』箕作麟祥訳，1875年（和綴本では明治4年のものがある）
『明治前期身分法大全 第1巻 婚姻編1』堀内節編，日本比較法研究所中央大学出版部，1973年

歴史編❸

箱のなかの日本人？ ■明治時代の「国際結婚」

1872年壬申戸籍の成立—「家」の箱

　第2講で述べたように、明治6（1873）年に内外人民婚姻条規が布告され、外国人に嫁いだ日本人女性は「日本人タルノ分限」を失い、日本人の家へ嫁入り、または婿入りした外国人は男女にかかわらず「日本人タルノ分限」を得ることになりました。さて、この内外人民婚姻条規が規定した関係性は国際結婚といえるでしょうか？

　序で説明した国際結婚の成立条件2つを思い出してください。

① 国内外において、社会的に認められた正規の婚姻制度であること
② 婚姻前において、近代国民国家日本の国籍を有する者と外国籍を保有する者との婚姻であること［嘉本 2001：11］

　①に関していえば、日本の婚姻制度が西洋諸国の一部では野蛮な婚姻制度であるとみなされていました。その証拠を、イギリスで裁判を起こした国際結婚カップルがいますので、後ほど紹介しましょう。

　②の条件ですが、明治時代に国籍法が成立したのは明治32（1899）年です。その四半世紀（1世紀は100年、その4分の1は25年）も前に内外人民婚姻条規はできていました。国籍という言葉ではなく「日本人タルノ分限」と表現せざるをえなかったのは、国籍という言葉自体は当時からも使われていましたが、まだはっきりと戸籍と国籍がどう異なるのか、明治政府はよくわからないままに使っていたからです。戸籍は、内外人民婚姻条規のできる前年に壬申戸籍として制度化していました。

　①と②の条件を満たしていない内外人民婚姻条規に規定された男女関係を、カギカッコでくくって分限主義時代の「国際結婚」と呼びたいと思います。で

39

は，「日本人タルノ分限」って何でしょうか。その「日本人タルノ分限」を得たり失ったりさせる政府の志向性を分限主義と呼びましょう。では，その分限主義とはいったいどのような志向性なのでしょうか。それには，「日本人タルノ分限」が，「家」の箱と「船」の箱という2つの箱からできていることを理解してもらわなくてはなりません。では，「家」の箱から説明します。

　江戸時代に戸籍はありませんでした。ジャガタラお春が流された寛永年間に，キリシタンかどうかを確かめるための宗門帳が作成されるようになります。さらに，近世中期から後期にかけて宗門帳と人別帳が合体したような「宗門人別改帳」や「宗門人別帳」が各地において一般化していきます［速水1997：2001］。いろいろな呼び方がありますが，本書では宗門帳としましょう。その家の者がどこの檀家であるか，つまり，どこの寺に属するかを調べ，記載することによってキリシタンを排除する役割が宗門帳に課せられた本来の役割です。厳密に言うと，宗門帳はすべての藩に均しく行われたわけではなく，またその調査や書式が全国的に同一の規格をもっていたわけではありません。宗門帳作成の原理は複数あり，なかには下男，下女，馬や牛の頭数まで記載されているものもあります。さらに，身分の異なる者，たとえば武士と農民が同じ宗門改帳に記載されることはありえません。この点が，戸籍とは大きく異なる点です。しかし，結果的に「家」ごとに「日本人」を把握する戸籍という「箱」を明治政府が創出していく素地をつくったのではないでしょうか。

　明治政府にとって戸籍をつくることは，最初にしなければならない重要な作業でした。明治4（1871）年に法律をつくり，翌年には壬申戸籍を編成していることからもわかります。それは，日本人を確定する作業でした。つまり，戸籍という「家」の箱に入っている者たちは，地域がどこであれ，身分がなんであれ，「均質な日本人」として記載されるのです。これを，私は，「対内的日本人」と呼んでいます。なぜかというと，戸籍は対外的な関係で成立したというよりはむしろ，国内の問題として必要とされたからです。宗門帳と戸籍が決定的に違うのは，人口の管理主体が，明治国家に一元化されたことです。もちろん，個人を直接的に管理したのではなく，「家」を媒介にして管理しています。国家は国民を，身分の差がどうであれ，同じ「日本人」として1人ひと

りを管理していく，ということにその新しさがあります。身分ではなく，人は生まれながらにして平等であるという人権概念や，市民や国民という近代的概念が西洋で成立したことについては，第2講でナポレオン法典とフランス人権宣言を例に紹介しました。日本では人権という概念は，別のかたちで学ぶことになるのですが，ともあれ，日本において国民という概念が新たにできるためには，戸籍制度が重要な役割を果たしました。現在でも戸籍は，「家」という箱に入っているものを「日本人」とアイデンティファイする機能をもっているのです。

　「日本人タルノ分限」を得るということは，日本の戸籍に外国人が嫁入りか婿入りすることによって日本人の「家」の箱に入ることを意味したのでした。

旅券（パスポート）第1号―「船」の箱

　明治32（1899）年に国籍法ができるまで，日本人には，国籍がなかったのでしょうか？　法学者は「日本人タルノ分限」を国籍だと解釈します（たとえば，奥田安弘『家族と国籍―国際化の進むなかで』有斐閣選書，2003年，15頁・71頁）。私は，そんなに簡単に国籍といってしまっていいの？　と疑問を感じます。あなたが国籍を必要とする状況は，どんなときですか？　パスポートをもって海外旅行に出かけるときではないでしょうか。現在でも私たちの国籍を証明するものは，パスポートしかありません。しかし，パスポートを取得するには戸籍抄本か謄本が必要です。でも，戸籍抄本を海外に持って行っても，なんの効力ももちません。つまり，日本人であることを証明するには，2つのドキュメントがなくてはなりません。

　江戸時代は，鎖国政策により日本人の海外渡航は国禁でした。すると，いつ日本人がパスポートを持って海外に行ったのだろうか，それはなぜ許可されたのだろうか，それは鎖国政策の破綻とどうつながっているのだろうか，という疑問が湧きます。幕末の開港問題は，まさに鎖国政策の破綻を意味し，新しい国家の誕生へとつながっていきました。1854（安政元）年の日米和親条約（神奈川条約），1858（安政5）年の日米修好通商条約，つづいてオランダ，ロシア，イギリス，フランスとも同様な条約を結びました。これら安政の五カ国条約は，

いわゆる不平等条約で，日本船舶および日本人が海外へ渡航する際のことを明文化していませんでした。つまり，港が開かれたからといって日本人がすぐに海外へ行けたわけではないのです。

では，日本人がパスポートを携帯して海外へ行くことが許されたのはいつでしょうか。日米修好通商条約第3条には，在留のアメリカ人が日本人を雇い，かついろいろな用事に従事させることを許すこと，とありました。ここから海外へ行くことを禁じる「海禁」政策は揺らぎ始めます。まず，日本人の使用人を国内の別の港へ，たとえば，長崎から横浜へ連れて行きたいという要求が，外国から出ました。さらに，日本人を海外へ随行させたいとエスカレートしていったわけです。1861（文久元）年にイギリス公使オールコックは，雇い入れた日本人の小使を香港へ随行させたいと願い出ました。これに対し幕府は，外国へ邦人を連行することは制度上できないが，日本に関係する事件でオールコックは香港に赴くので，ほかに方法もなく，今回限り許すという例外的許可を与えたのです。この例外が先例となり，外国のしたい放題になるのを恐れた幕府は，とうとうパスポートを出すようになりました。

慶応2（1866）年4月7日に，パスポートを発行しますという，海外渡航を許可するお触れを幕府は出しました。海外諸国へ「学科修業又は商業」のために行きたいと志願する者は，士農工商の身分を問わず，それぞれの筋に届け出，免許・印章が得られれば，「日本人」という幕府の保障つきで渡航することができるようになったのです［『続通信全覧 類輯之部 三〇』，春田 1994］。

もちろん，それ以前にも，徳川幕府は，特命により，諸学術を学ばせるために伝習生（留学生）を次々と欧米に送り出していました。慶応2年のお触れは，幕府の特命ではなく，一般の人も願い出るとパスポートが発行されるようになった，というところに大きな違いがあります。幕府は慶応2年にも留学生14名をイギリスへ派遣しています。そのなかの1人である川路聖謨の嫡孫，川路太郎は『英航日録』に航海初日の驚きを以下のように記しています。

可驚きは日本人数輩，町人躰のものを見たり。忽ち検べ問ふに源水コマ廻しなり。何故此處に来るかと言へば，私等商賣は諸国を巡歴し，御慰みの為なる者故此度お上にお願ひ済の上ロンドン迄罷越す儀に御座候。連中十三人並びに私妻娘両人とも十

五六人と云へり。その中一蝶斎とて紙の蝶を使ふもの加はれり。　　［川路 1953：161］

太郎を驚かせたこの旅芸人一座こそ，旅券（パスポート）第1号である手品師，隅田川浪五郎を筆頭に，第27号までが含まれる「海禁」解除の恩恵に浴した一行です［柳下 1998］。彼らは，幕府留学生と同じ英国船ニポール号に乗っていました。源水とは，「曲独楽」の13代松井源水であり，彼らはアメリカ人のバンクスに年千両，2年の約束で雇われたといわれています。

　太郎は早速，この驚きを祖父である川路聖謨に伝えます。すると逆に「太郎，英其の外にて，日本の人に逢ふとも，よくたしかに礼を守り，言語を慎み，懇意にいたすべからず。太郎は別して公儀の御用をかかえ居り，帰り候て一大事の忠義有る故に，不実の説を受くるを厭うべからず。会合等，決してなすべからず。恐るべし，恐るべし。同伴の人々少年なれば，其の心を以て導くべし」［川路 1978：25］と怒られてしまいました。

　孫を思うおじいちゃんは，若い太郎にハラハラしていたのでしょう。身分制度を守り，太郎は幕府の任命で留学するのであるから，立場（武士身分であり，特命であること）をわきまえなさいと江戸幕府に任えてきた老臣らしいお手紙です。幕臣として，幕府の終焉とともに自らの命を絶ったおじいちゃんの，孫への説教は，海外においても日本国内の身分秩序を保とうとする古い江戸時代の理念をあらわしているといえるでしょう。特に太郎は幕府留学生一行の監督責任者の立場にあり，他藩の者と気軽に接して幕府からいらぬ嫌疑をかけられては，太郎の出世にひびきます。

　しかし，若くて好奇心旺盛な太郎は祖父の警告を守るわけがありません。イギリス到着後，新聞で源水の興行を知ると見に行っています［川路 1953：195］。また，祖父が最も警戒したであろう人物の1人で，武器商人として有名なトーマス・グラバーの手助けで密航した薩州藩の男が，イギリスに到着した太郎たち一行をホテルに訪ねています。太郎の日記にその時のことを「薩州藩沢井鉄馬（森有礼の変名：嘉本）と申す人訪ね来る。此人は二ヶ年程倫敦府滞在せしし。漢英之読書有之一箇の人物なり」［川路 1953：193］と記しています。薩長によって新政府である明治政府が樹立したその後の歴史を考えると，おじいち

ゃんの心配は見事に的中していたことになります。

　一方，太郎の行動や軽業師に対する興味には，新しい時代の若さと息吹を感じます。身分差はどうであれ，船の上では同じ仲間であるという意識が芽生えたのではないでしょうか。英語でフレンドシップっていいますよね。メンバーシップともいいます。同じ船（シップ）の上にいるものたちは，運命共同体です。この時代，海を渡るには，船でしか渡ることができませんでした。船旅は，飛行機の旅とは違って，日数もかかり，乗客の間には，現代の私たちには想像もできないようなフレンドシップが芽生えたのではないでしょうか。太郎たちが乗った船は，日本人だけではありませんでしたから，日本語が通じるという喜びは，身分の差など無にしたことでしょう。また，太郎が森有礼と接触したとき，この密航者がどこの藩の者であれ，東洋の片隅にある日本「国家」の民であるという自覚を再確認したのではないでしょうか。

　「海禁」解除の最大のポイントは，隅田川浪五郎のような身分の低い芸人が，太郎のような身分制度上のトップの人間と同じ船に乗って旅立てたということです。身分秩序はどうであれ，また藩の所属はどこであれ，日本の旅券（パスポート）を手にした者は皆，等しく「日本人」なのです。身分制社会でありながら，身分を超えた日本人として同等の立場を船上で獲得したといえましょう。このように「船」の箱の中に入っている日本人は「均質な日本人」であり，パスポートの所有は「対外的日本人」を保証してくれるものだったのです。

分限主義時代の「日本人タルノ分限」─「家」と「船」の箱の癒着

　鎖国をしていた江戸時代，海外へ渡航できるような大型船の造船は禁止されていました。黒船に乗ってペリーが来航し，1854（安政元年）に日米和親条約が結ばれると，外国船が次々と国旗を掲げて日本の近海に押し寄せてきました。ところが，日本の船は各藩が所有していたため，各藩の旗を掲げて日本近海を航行しているにすぎませんでしたから，外国からみれば，どこの船か区別ができませんでした。安政元年，幕府はついに大型船の建造の許可をし，海外船との識別のため，「日本総船印は白地日之丸」〔『勝海舟全集 8』：124〕と定めます。そう，日の丸の誕生です。

日の丸の旗は実物の船につけられたものですが，それはトータルな対外的な日本という「船」の箱につけられたと考えてみましょう。対外的に，その船が日本のものであることを知らせるためです。さらにパスポートが発行されることで，対外的に「日本人」であることが保証されました。日本という「船」の箱に入っているメンバーは，パスポートによって「対外的日本人」であることが保証されるようになりました。

　ここで整理しておきましょう。鎖国時代に培った「家」を単位として，日本人の宗旨を確認する宗門帳という帳簿があります。これが，明治5（1872）年に壬申戸籍になります。日本人は身分に関係なく，皆，「家」の箱，すなわち戸籍に入らなくてはなりませんでした。その「家」の箱は，対外的に必要だから生じたのではなく，国内の「ネーション」を把握するために必要だったわけですから，「対内的日本人」を確定していったということになります。一方，船に日本の旗が翻り，日本人が海外渡航を許され，パスポートを持つことができるようになったのは幕末でしたが，明治政府に引き継がれていきます。パスポートとは，「この旅券を持っている人は日本人ですよ」と対外的に知らしめる国民証明書です。海外に行くことがなければ普段，私たちは「対外的日本人」であること，または「船」の箱を意識しません。

　分限主義時代とは，この「家」の箱と「船」の箱がくっついた，癒着した状態で理解されていた時代だといえます。「日本人タルノ分限」とは，嫁や婿になることによって日本人の「家」の箱に入ると同時に，日本という「船」の箱にも入ることができることを意味したのです。現在では，しかし，これらの箱はきちんと区別されています。結婚したからといって，外国人が日本人の戸籍に入ることはありません。日本人になりたい場合は，帰化の手続きをする必要があります。しかし，分限主義時代に帰化法はまだ制定されていませんでした。内外人民婚姻条規が有効であった分限主義時代の「国際結婚」は，明治政府に戸籍と国籍をきちんと区別する必要をつきつけることになるのです。実際，親が「国際結婚」として正式に届け出を出す前に，そのような男女関係から生まれた子どもたちの存在によって，「家」の箱と「船」の箱は，性質の異なるものだということを明治政府は学習していくことになります。

ボクはどこの箱に入ればいいの？──「私生子」法と「国際結婚」

　日本国民を1人ひとり，「家」を単位にした戸籍という箱の中に入れていく作業をしていくと，あぶれる人たちが出てきました。遊女と外国人との間に生まれた子どもたちは「父なし子」です。正式な婚姻関係を結ぶ前に生まれた子どもたちは，どの箱に入れたらいいのでしょうか。

　内外人民婚姻条規が布告されるわずか2カ月前に，明治6（1873）年1月18日太政官布告第21号，いわゆる「私生子」法が制定されました。現代では，「私生児」とか「私生子」という言葉は差別用語であり使用されませんが，ここでは歴史的な言葉として使います。その全文を引用します。現代では非嫡出子という言葉も差別とされるので，「婚外子」が使われる傾向にあります。

　　明治六年一月十八日太政官布告第二一号
　　　妻妾ニ非サル婦女ニシテ分娩スル児子ハ一切私生ヲ以テ論シ，其婦女ノ引受タルヘキ事
　　　但シ，男子ヨリ己ノ子ト見留メ候上ハ，婦女ノ住所ノ戸長ニ請テ免許ヲ得候者其子ヲ父トスルヲ得事
　　　　　　　　　　　　　　　　　　　　　　　［『明治前期身分法大全　第3巻』：8］

　このように「私生子」とは，「妻妾」ではない婦女が出産した子どもをさします。明治政府は刑法に妾を2等親とし，日本人どうしの婚姻では妾を公認していました。つまり，戸籍に登録された妾は，承認された社会的地位を獲得していたのです。「戸籍に記載のある妻または妾ではない婦女」が出産した子は，すべて「私生」とし，婦女が引き取ること。ただし，男子より自分の子であると認知された場合は，婦女の住所の戸長の許可を得てその男子を父とすること，というものでした。この「私生子」法は，制定の流れを追うと，日本人どうしの関係から生まれた「私生子」を問題にしてつくられたものであることがわかります。しかし，正式な婚姻関係にない外国人と日本人との間にできた子どもにも，この私生子法が適用されていきます。

　内外人民婚姻条規ができる20年近く前に，外国人居留地でイギリス人のパパと日本人のママとの間に生まれた男の子がいました。キング・キク・キングドンくんです。なぜか両親は，キングくんが成人する頃になって突然，結婚願い

を日本政府に出しました。結婚すると，ママは「日本人タルノ分限」を失いますので，2人の間にできた子どもキングくんもイギリス国籍にしたかったようです。

　ところが，戸籍法ができる前に，しかも外国人居留地で生まれたキングくんは，戸籍にすら入ってないことが発覚してしまいます。困った明治政府は，彼が日本人であるとまず主張するために母方の「家」の箱に入れます。日本の戸籍に入った日本人のキングくんに，転籍願いを出せばイギリス国籍へ変えてあげていいよ，というのが日本政府の方針だったのです。外国人のパパが望めば，子どもは「日本人タルノ分限」を捨てることができたのです。再びキングくんは，日本の「家」の箱から出されます。それは日本という「船」の箱からも同時に出されたことになります。これで，晴れてキングくんはイギリス人になれると思いきや，イギリス政府は「キングは私生子である。私生子がイギリス国民になる道理はない」とイギリス国籍をキングくんには与えないと回答してきたのです。日本の「家」の箱からも「船」の箱からも出され，イギリスという「船」の箱にも入ることを拒否されたキングくんは，入る箱がないという状況になってしまいました。無国籍です。ボクはどこの箱に入ったらいいのでしょう？　結局，明治政府はキングくんをママがいなくなった母方の「家」の箱に入れ直すことで，キングくんは「日本人」となったのでした（[『内外人民間出生ノ子女就籍取扱雑件』]，嘉本［2001］第 4 章参照のこと）。

イギリスでの裁判に勝利した国際結婚カップル

　フランシス・ブリンクリーと田中ヤスは，明治19（1886）年 3 月25日に内外人民婚姻条規にもとづき，内務大臣，山県有朋より婚姻の許可を受けました。実は彼らの婚姻願は，許可のおりた 2 年前の明治17年 9 月25日に提出されていました。その「廃戸外国人ヘ婚嫁願」[『内外国人結婚簿　自明治十九年至同二十年』]によると，彼らは明治11（1878）年 9 月にすでに「婚姻之契約」をしているとあります。6 年も前の話ですよね。なぜ，戸籍を廃止してから，「外国人ヘ婚嫁願」となるのかというと田中ヤスは，士族田中直方の妹で「別戸」ということになっています。おそらく女戸主として一時的にヤス 1 人の戸籍を作成した

うえで，ヤスとの間にできた子どもではなく，ブリンクリーの妾（出産後，他界している）の子ども（男・明治11年生）を養子として引き取り，ヤス自身は隠居をし，男の子であるその子に相続をさせています。その戸籍にはおそらく，ヤスとその男の子しか入っていなかったのでしょう。ヤスはその養子を伴って，ブリンクリーへ嫁ぐことになったのですから，戸籍そのものがなくなりますので「廃戸」となります。

ヤスとブリンクリーの結婚について，横浜にいるイギリス副領事は，日本の法律である内外人民婚姻条規で認められた婚姻に異議はないといっていました。言葉どおり受け取ると，イギリスはこの婚姻を認めているように聞こえます。しかし，その本当の意味は，外国人居留地内の婚姻であれば自由にしていいが，イギリス政府としてはその婚姻に法的効力は認めない，と一貫して主張しているのです。ブリンクリーは，ヤスと結ばれる以前に別の日本人女性との間にできた子どもがあり，養子を伴っての「連れ子結婚」でした。彼らの間に子がなく、しかも，ブリンクリーが英国式の結婚を行い，その後に生まれた子であれば，ヤスもその子どももイギリス人として認めると，イギリス領事はいいました。

不平等条約が定めた治外法権とは，外国人居留地で外国人が起こした民事，刑事に関する事件には，日本の法律が介入することはできないという規定でした。日本人については，日本政府がその法的効果を認めるか否かですから，内外人民婚姻条規にそって日本式の婚儀を執り行えばいいのです。それに関してイギリス側は文句はありません。しかし，それをイギリス政府が認めるかどうかは，別問題です。それを認めるには，日本の婚姻法，離婚法など，民法を詳しく調べてからのことだ，という立場なのです。内外人民婚姻条規が各国に通達された際，イギリスが抗議した主張と同じです。

この時期に，日本の民事に関する法律について他国からも問い合わせがありました。明治政府は民法を編纂しようと必死でしたが，この時点では憲法も民法もなく，さらに不平等条約の改正も実現していませんでした。外国への回答はその場しのぎのつぎはぎのようなものでしかなかったのです。西洋諸国は日本の民法について問い合わせてきたのですが，日本政府は戸籍に関する法律を

示しました。しかし，戸籍という管理のあり方そのものが，「文明国」には理解しがたいシステムであったことはいうまでもありません。西洋には戸籍がないからです。

結局，明治政府は，イギリス領事に正式な了解を得ることができないまま，明治19（1886）年にブリンクリーとヤスの結婚を許可します。明治政府が認めた「国際結婚」が，イギリスにおいても有効であるという宣言を導き出すため，ブリンクリーは，なんとイギリスの法務総裁（Attorney General）を相手に明治22（1889）年に裁判を起こしたのです。裁判の結果は，「請願者であるブリンクリーと田中ヤスが1886年3月25日に挙式したことにもとづく，その婚姻は有効である」［Law Reports Probate Division：76-81］でした。つまり，勝訴したのです。イギリス法廷は，明治日本が許可した婚姻はイギリスにおいても正当であり，有効であると宣言しました。明治23（1890）年2月8日のことでした。

タイムズ紙に載った「野蛮国」の婚姻の勝利

ザ・タイムズ紙のロウ・レポートの小見出しは，'Marriage in Heathen Country'［The Times Law Reports：191-192］という言葉を載せて，ブリンクリーの勝利を報道しました。'Heathen Country'とは，「異教国」，「非キリスト教国」あるいは「野蛮国」というニュアンスをもちます。ブリンクリーらの婚姻は，「野蛮国（あるいは非キリスト教国）で挙式された婚姻」に正当性が認められた最初の例であると報道されたのでした。

裁判の焦点になったのは，日本の婚姻が一夫一妻制かどうか，ということでした。裁判のなかでクリスチャン・マリッジという言葉が，一夫一妻制という言葉の代用として何度も使われています。ブリンクリーの裁判は，イギリスにおいて民事婚が確立（出生，婚姻，死亡に関する登録法の施行は1837年）していたにもかかわらず，キリスト教が支配する宗教婚の感覚から抜け出せないでいることを示している格好の例です。

妾との間に生まれた子や，「結婚」前に生まれた実子がいるにもかかわらず，明治政府から許可を得た「結婚」後に生まれた子のみをイギリスでの宣誓書に記載するなど，勝つための戦略をブリンクリーは抜け目なくとっています。

婚姻の効力に関しては，明治8年太政官第209号でもってなんとか民事婚が行われていることを示しました。これは日本において婚姻が効力を発揮するのは，戸籍に届け出がある場合のみであるというものです。さらに，「妾」は明治15年に刑法から取り除かれ，法律上「文明国」基準である一夫一婦制の体裁を明治政府は整えていました。裁判の前年，明治22（1889）年には大日本帝国憲法が発布され，法治国家としての礎を示したところでした。ブリンクリーはそのタイミングをも見計らっていたように思います。
　この裁判の判事は，「日本の書式，法律，そして儀式は，南アフリカのバルバロング族のそれと同等のものとして扱ってはならない。なぜなら，文明化した国家のなかに日本がその位置を長きにわたって築きあげつつあることを我々は知っているからだ」［Law Reports Probate Division：79］という認識を示しました。日本がシビライズド・ネーション，つまり「文明国」かどうかが，「国際結婚」の正当性を保証し，国際結婚として成立するかどうかの判断基準だったのです。ブリンクリーの勝利は，一応，日本の近代国民国家（ネーション・ビルディング）の勝利を予感させるものだったといえましょう。
　しかし，ブリンクリーの判決後の日英間の「国際結婚」が，イギリスに全面的に認められたかというと，残念ながらそうではありません。裁判を起こしたブリンクリーが例外でした。なぜなら，国際結婚が成立するにはいわゆる不平等条約の撤廃，国籍法，民法の制定が必要だったからです。
　さて，「家」の箱からも「船」の箱からも追い出された田中ヤスは，裁判のおかげでイギリスという船の「箱」に入る可能性がでてきました。イギリスの公文書館で必死になってその証拠を探しましたが，結局見つからず，ヤスがイギリス臣民になったかどうかは定かではありません。夫であるブリンクリーが裁判を起こしたからよかったものの，当時のイギリス人男性に嫁いだ日本人女性は，日本の「家」の箱，「船」の箱からも追い出され，かといってイギリスという「船」の箱にも入れてもらえないという，大海をさまよっていた女性が多かったことが，このケースからいえるのではないでしょうか。

分限主義時代の「国際結婚」——1873〜1899年

　嫁入り婚か婿入り婚かの「国際結婚」の形態と、「日本人タルノ分限」を得たり、失ったりする組み合わせを考えますと、理念型としては4つに分類することができます（図表3-1参照）。

　ただし、婿入りDタイプである外国人女性の家へ日本人男性が婿入りすることは明治政府が規定していないように、日本人男性はいかなる場合であっても「日本人タルノ分限」を捨てることはできませんでした。

　内外人民婚姻条規が布告された1873年から国籍法が制定された1899年の間、すなわち、分限主義時代に届けられた「国際結婚」は、全部で265件ありました。その比率をみると、最も多かったのは嫁入りAタイプで72％、ついで嫁入りCの22％、婿入りBは6％でした［嘉本 2001］。

　嫁入りAは、外国人居留地で雇われた日本人女性と外国人男性という組み合わせが大半を占めました。お相手の外国人男性は清国人が最も多く35％、ついで英国28％（ただし、オーストラリアなど英国植民地を含む）、ドイツ、アメリカ、フランス、オランダ、ロシア、その他という順番でした。

　逆に、嫁入りCは、日本人男性が海外へ留学や遊学していた先で知り合った女性と結婚しているケースが大半です。唯一、日本国内で日本人男性が外国人女性と知り合ったのは、勝海舟と梶くまという妾との間にできた梶梅太郎と、14歳のときにアメリカ人宣教師の父に連れられてきたクララ・ホイットニーとのケースだけです。クララは来日した頃、まさかアングロサクソンの自分がモンゴリアンと結婚するなんて夢にも思っていませんでした。イギリス人女性と結婚した日本人男性を見かけた日の日記には、アングロサクソンである白人女

図表3-1　「国際結婚」の理念型

タイプ	「国際結婚」の形態	「日本人タルノ分限」
嫁入りA	日本人女性が外国人男性へ嫁ぐ	日本人女性が失う
婿入りB	外国人男性が婿入りする	外国人男性が得る
嫁入りC	外国人女性が日本人男性へ嫁ぐ	外国人女性が得る
婿入りD	日本人男性が外国へ婿入りする	許可されなかった

コラム❾ 勝海舟が国際結婚!?

　明治時代の国際結婚に関する本には，西洋人と日本人を扱ったものが多いです。歴史の教科書にも出てくる人物の関係者が国際結婚しています。当時は，それ相当のお金がなければ海外には行けなかったのですから，当然かもしれません。下重暁子『純愛―エセルと陸奥廣吉』（講談社，1994年）の主人公は，日本の外交を担った陸奥宗光の息子です。

　一番オススメなのは，文庫版にもなっているクララ・ホイットニーの『勝海舟の嫁―クララの明治日記』上・下（一又民子，高野フミ，岩原明子，小林ひろみ翻訳，中央公論社，1996年）です。関西の大学でこの本を紹介したとき，学生から「ええ！ 勝海舟が国際結婚していたの？」と聞かれてビックリしました。関西の男性は，妻のことを「うちの嫁」とか「嫁はん」と表現しますので，なるほどこのタイトルだと関西では勝海舟が国際結婚していたことになってしまいます。本文でも書きましたが，勝の妾，梶くまの息子，梅太郎が国際結婚をしたのです。文庫版の表紙になっている写真は，クララと梅太郎それに6人の子どもたちが映っています。

性とモンゴリアンである日本人が結婚しなくてはならないなんて，「むかつくことだ」［ホイットニー 1996：100］と記しています。アメリカのカリフォルニア州で異人種間婚姻禁止法が制定されたのは1880年でした。その中には白人と「黒人，ムラトー（白人と黒人の混血），モンゴリアン」との婚姻は正式な結婚とはみなさないとあるのです。*これは戦争花嫁（第6講）のところで再びふれたいと思います。

* アメリカにおけるインターマリッジ研究で日本人を含めて論じている代表的な研究は Spickard, Paul R. 1989 "Mixed Blood : Intermarriage and Ethnic Identity in Twentieth-Century America" The University of Wisconsin Press

　婿入りBで有名なのは，第3講で紹介したラフカディオ・ハーン（小泉八雲）やヘンリー・ジェームズ・ブラックですが，2人の「英国所領印度人」も婿入りしています。また，婿入りしようとして失敗した清国人も2ケースあります。どちらも，愛情から結婚したいと思っているわけではないからというのが不許可の理由です。ビジネス目的の婿養子大作戦は，失敗に終わりました。

図表3-2　モデル図・2つの箱と分限主義時代の国際関係

アジア的外交関係　　　　　国際法にもとづいた西洋型近代国民国家関係
　　　　　　　　　　　　　（＝国際関係）

「文明国」の圧力

「船」の箱
「対外的日本人」
「家」の箱
「対内的日本人」

不平等条約下における外国人居留地

「船」の箱
「市民社会」の箱

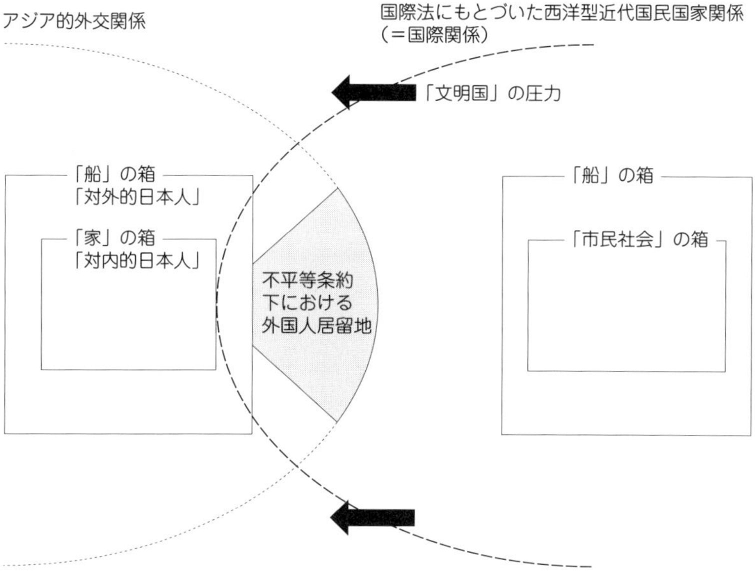

出典：[嘉本 2001：29]より引用

　図表3-2は「2つの箱と分限主義時代の国際関係」をモデル化したものです。たとえば，アメリカでは戸籍がありませんので「市民社会」の箱としました。黒人も白人も「船」の箱に入っています。しかし，黒人や日本人など黄色人種は「市民社会」の成員としては認められていません。市民（公民）は「白人」を意味していました。黒人の公民権運動が起こるのは1960年代です。

【参考文献】
奥田安弘［2003］『家族と国籍―国際化の進むなかで〔補訂版〕』有斐閣（初版1996年）
嘉本伊都子［2001］『国際結婚の誕生―〈文明国日本〉への道』新曜社
川路聖謨［1978］『東洋金鴻―英国留学生への通信』平凡社（東洋文庫）
川路柳虹［1953］『黒船記―開国史話』法政大学出版局
下重暁子［1994］『純愛―エセルと陸奥廣吉』講談社
速水融［1997］『歴史人口学の世界』岩波書店
速水融［2001］『歴史人口学で見た日本』文藝春秋
春田哲吉［1994］『パスポートとビザの知識〔新版〕』有斐閣（初版1987年）

ホイットニー，クララ／一又民子・高野フミ・岩原明子・小林ひろみ訳［1996］『勝海舟の嫁―クララの明治日記（上，下）』中央公論社　＊1976年版もあるが文庫版を用いた

柳下宙子［1998］「戦前期の旅券の変遷（含 史料）」『外交史料館報』12

Spickard, Paule R. [1989] *Mixed Blood : Intermarriage and Ethnic Identity in Twentieth-Century America*, The University of Wisconsin Press

【史　料】

『勝海舟全集 8』江藤淳編，講談社，1973年

『続通信全覧 類輯之部 三〇（船艦門）』外務省編纂，雄松堂出版，1987年

『内外国人結婚簿 自明治十九年至同二十年 外務課』東京都公文書館

『内外人民間出生ノ子女就籍取扱雑件』外務省外交史料館

『明治前期身分法大全 第3巻 親子編』堀内節編，日本比較法研究所中央大学出版部，1977年

Law Reports Probate Division, XV 1888-1890, London

The Times Law Reports, VI 1889-90, London

歴史編❹

植民地の拡大と女性の移動

国民国家形成（ネーション・ビルディング）と領土確定

　日本が植民地にしていた地域を，あなたはいくつ言えますか？　この植民地における「国際結婚」を扱う講義では，東アジアの白地図を配布して，植民地だったところを斜線で塗り，その地域名を記入してもらいます。本書のカヴァーをはずして，試してみてください。第二次世界大戦の頃の日本地図はかなり広大になります。

　明治政府が日本人を「家」の箱に入れていく作業をするために戸籍制度をつくりました。島国である日本では，近代国民国家として「船」の箱に，どの島までを入れるかという領土（国境線）確定問題は重要です。江戸時代の日本は鎖国をしていましたので，江戸幕府の権力が及ぶ範囲が徳川日本でした。ところが，日本の近海を西洋の船が往来するようになると，この島は日本の島なのか？　どこの国に属している島なのか？　その島民は日本人なのか？　という問題が，にわかに浮上してきました。

　戦争によって，植民地を拡大すればするほど，「船」の箱は膨張していきます。しかし，「船」の箱が拡大したからといって，異なる家族システムをもつ植民地の人々を「家」の箱に編入できたかというと，そうではありませんでした。支配者である日本人側にも，被支配者である植民地の人々にも，双方に抵抗があったのです。

　現代でも，竹島（独島），尖閣諸島，沖ノ鳥島，北方領土など境界をめぐるニュースが報道されます。それは，近代国民国家が領域性をもち，その領域に対して主権を主張できるという原則によって成り立っているからです。近現代で起こった歴史は，現代社会の諸問題とつながっているのです。現代社会を研

究の対象とした場合，過去（歴史）との対話は必要不可欠です。

「国際結婚」という，日本人と外国人の男女関係の歴史を紐解くと，植民地や戦争の問題は避けて通ることはできません。私自身，日本の近現代史の専門家ではありませんので，うっかり「間違ったこと」を言うかもしれません。History（歴史）が「彼の（his）物語（story）」を中心に成り立っているという批判から，女性史という専門分野があります。しかし，本書がめざしているのは，男性と女性と国家・社会（あるいは権力主体）の関係性の歴史社会学です。

歴史的な事件について，別の先生は異なる見解をおっしゃるかもしれません。大切なのは，あなた自身が，今からでも興味をもって過去と対話できるかです。1つの意見を鵜呑みにするのではなく，自分自身がどう考えるか。アジアの友人にその考えを明確に伝えられるかです。これからしばらく，日本人として同じ過ちを犯してはならない部分が次から次へと出てきます。目をそらさず，しっかりとお付き合いください。

内地と外地──「船」の箱の拡大

「外地，内地なんて初めて聞いた」と言った学生がいます。「いまどきの大学生はそんなことも知らないのか」と年配の方は驚かれるかもしれません。2006年に多くの高校で歴史の教科を未履修のまま卒業させていたことが発覚したように，生徒は日本について学ぶ機会を奪われているのです。習ったとしても，イデオロギー色が強くなる近現代史は，「軽く流す」ようにしか教えられてないのではないでしょうか。教師の力量や，考え方が反映される箇所でもあり，真剣に取り組んでいる先生に教えてもらうことができた生徒はラッキーです。植民地を白地図に書き込ませるたび，日本が近隣諸国に何をしてきたかをまったく理解していない日本人のほうがマジョリティではないかと危惧します。

内地とは，おおよそ，テレビで「全国の天気」として映し出される範囲だと考えてください。現代ではあたりまえに日本の領土だと思っている地域でも，明治になって国境が確定されたために日本という「船」の箱に入った辺境の地があります。小笠原諸島，北海道とその周辺，そして沖縄です。

【小笠原諸島の外国人】

　黒船に乗って開国を要求したペリーは，小笠原諸島で薪や水を補給しました。長い間，小笠原は無人島だと思われていましたが，小笠原には列強諸国の植民地になったサンドイッチ諸島やバミューダ島から捕鯨などを生業にしていた人々が住み着くようになっていたのです。つまり島民は明らかに「日本人」ではなかったのです。開国によって，さまざまな国が日本に来るようになると，小笠原はどこの領土かということが問題になりました。

　そこで，明治8（1875）年明治政府は，小笠原調査団を送ります。島民の代表を船上に召集した明治政府は，突然，小笠原諸島は日本領土であることを宣言しました。島民は，その後どうしたのでしょうか。「国際結婚」の歴史には，見逃せない2カップルが小笠原にいたことがわかったのです。それは明治10（1877）年4月16日に，5名の島民が小笠原に永住を志願するので「日本民籍」へ編入してほしいと願書〔『公文録』「小笠原嶋処分一件」〕を出しました。その願書から2カップルの妻は日本人だったことがわかります。内外人民婚姻条規によれば，外国人男性の妻となる日本人女性が「日本人タルノ分限」を失います。ところが日本人妻をもつ彼らは，英国の保護を断り（彼らは英国領から来たので，所属は英国ということになりますが，イギリス本土の市民権をもっていたわけではありません。しかし，英国領であることから，英国は彼らを保護する権利があったのです），日本人にしてほしいと嘆願しました。婿養子になりたいといったわけではないのです。日本人妻を娶っているので，「日本人タルノ分限」を得たいと彼らは申し出たのです。これは内外人民婚姻条規には規定されていないパターンです。

　結局，同年7月11日付で右大臣，岩倉具視が許可し，5名の外国人は日本の平民籍へ「入籍」しました。このようにして明治15（1882）年には，小笠原諸島の外国人移民はすべて日本国民の籍に入りました。しかし「外国人移籍之義伺」（明治16〔1883〕年）には，彼らのように小笠原に帰化した外国人は，内地（本土）には移住できないとあります。その理由は，明らかに外国人の姿をした彼らが，外国人居留地でもない内地を遊歩しては困るからでした。

　この小笠原の島民と，次に述べる北海道開拓団の清国人2人は，内外人民婚姻条規によらず，日本人に特別に「帰化」できたケースです。

【北海道の清国人】

　蝦夷地が北海道と改められて，明治政府の開拓使の手で開発が進められたのは明治2（1869）年です。開拓は札幌周辺からやがて全道に広がりました。この過酷な開拓に，日本全国から移民や屯田兵がかかわりましたが，清国人10人が北海道開拓使（明治初期に北海道開拓事業を担当した政府機関）に雇われていたことはあまり知られていません。そのなかで生き残り，北海道の地に留まったのは2人だけです。北海道を開拓し，植民していくことは重労働でした。清国人2人を日本の籍に編入するときに，帰化法が制定されていないことが問題となりました。しかし北海道は開拓しつつある「創開ノ土地」であり，「殖民」することは急務です。すでに小笠原島のように外国人の帰化が許された事例もあることから，北海道の清国人の帰化が許されました。清国人2名も小笠原諸島の島民たちと同じように，あまり世間に知られることなく「日本人」になったのです［『公文録』「傭清国人范永吉外二名帰化願ノ件」］。

　北海道を植民地と認識している当時の明治政府の行動は，中国の東北部に「満洲国」を建設し，日本から，満洲開拓団を送り込む行動と似ています。新しい領土や土地，島を支配下に治めるには，土地を開拓し，経済的な活動を行うために，支配者は官僚機構や，鉄道，道路などをつくりあげていきます。その過程のなかで，もともとその土地に暮らしていた人々はそこから追いやられ，「おいしい」ところはすべて支配者側にもっていかれます。

　日本は現在でこそ植民地をもっておりません。しかし，「外国人研修制度」で来日し，私のクラスで実体験を話してくださった中国人女性は，日本の工場で時給300円で，体調が悪くても休むこともできず3交代制で働かされたといいます。このように，現代日本にも外国人を低賃金で働かせる，搾取するに等しい制度があります。われわれが日々食している「安全な」日本産のキャベツやレタスは，中国からの若者が農業研修と称して「ただ同然」で箱詰めをしてくれたものです。安価な食品を口にするとき，どのようにしてこれらの野菜や魚がわれわれの食卓に届くのかを考えてみるのもいいでしょう。また，日本政府は労働力不足を補うために，「定住ビザ」というものをつくりました。これは，祖先が日本人であれば就労や就学に制限のないビザで，1990年以降日系ブ

ラジル人の来日が急増しました。世界でもトップクラスの日本の自動車産業は、もはやこのような日系外国人の存在なしでは成り立たなくなっています。

【樺太・千島の交換と「土人」】

　北海道よりもっと北では、明治8（1875）年の樺太・千島交換条約の締結により、樺太のうちで日本が領有する部分をロシア領とするのと引き換えに、千島列島のうちでロシアが領有する部分を日本の領土として取得しました。この条約は領土の交換を目的としていますが、千島樺太交換条約附録（1876年2月2日）の第4条は次のようにいっています。

> 第4条　樺太サカリヌ島及クリル島ニ在ル土人ハ現ニ住スル所ノ地ニ永住シ、且其儘現領主ノ臣民タルノ権ナシ故ニ若シ其自個ノ政府ノ臣民タランコトヲ欲スレハ其住居ノ地ヲ去リ其領主ニ属スル土地ニ赴クヘシ、又其儘在来ノ地ニ永住ヲ願ハヽ其籍ヲ改ムヘシ　　　　　　　　　　　　　　　　　　　　［『法令全書』第9巻の1：27］

　つまり、サハリンやクリル島にいる「土人」は、今住んでいる土地に永住すると、そのまま領主の臣民である権利はなくなるので、もし日本かロシアかの政府の臣民になることを望むならば、その居住地を去ってその政府に属する土地に行きなさい。そのまま今までの土地に永住したいならば、その籍を改めなさい、といっているのです。「籍」と表現していますが、国籍とか戸籍という言葉は使用されていません。アイヌ、ウィルタ、ニブヒなど、立派な少数民族名があるのに、「土人」とはひどい言い草です。

　明治32（1899）年に北海道旧土人保護法が制定されますが、なんと改正されたのは平成9（1997）年でした。少数民族である土着の人々は、日露戦争後のポーツマス講和条約（明治38〔1905〕年）発効以後施行された法律においても「樺太土人に対しては戸籍法の適用がなく、もっぱら土人固有の慣習が身分法として適用されていた」［中野 1946：41］と敗戦直後の文献にも「土人」と表現されています。日本という「船」の箱に少数民族の人々が入れられたことは確かなのですが、「家」の箱に彼らがいつから入ったかということは、かなりあいまいなのです。農耕民族は定住している場合が多いのですが、狩猟民族のように移動をしながら生きる人々の管理は、近代国民国家にとって厄介な問題です。

4　植民地の拡大と女性の移動

【琉球処分】

　琉球は，徳川幕府時代からひとつの独立王朝でありながら，清国と日本の両方に朝貢していたという，辺境地のなかでも特殊な位置にありました。「琉球処分」は，明治12（1879）年の琉球藩を廃して沖縄県とするまでの過程をさします。ところで，分限主義時代に沖縄からの「国際結婚」報告は一例もみあたりません。その理由は3つ考えられます。まったくそのような事例がなかったという可能性が1つ。反対に，事実婚としてはあったかもしれませんが，差別や偏見のため登録しなかった可能性。あるいは，「琉球人」がまだ明治中央政府の管理下に「日本人」として入りきっていないために，婚姻の届け出等が制度上，手続き不可能であったのではないかという3つです。残念ながら沖縄は，第二次世界大戦の本土決戦で焦土となり，歴史的な資料の多くが焼失してしまいました。戦争は，史実をも灰にしかねません。

　小笠原諸島の人々，北海道のアイヌ，ウィルタなど北方民族，沖縄の人々は，「船」の箱の拡大によって日本の内地に取り込まれました。しかし，「家」の箱にいつ入ったかよくわからないままに「日本人」になっていったといえるでしょう。このような経験は，後述するように，朝鮮半島や台湾における植民地支配に応用されました。この「船」の箱と「家」の箱の使い分けは，日本が植民地支配をした地域における政策にも反映されていきます。以上の辺境の地は，日本が海外へ植民地支配をする頃には，日本国内，すなわち「内地」という扱いがされるようになりました。それに対して植民地は，外国ではなく「外地」と呼ばれました。

外地（植民地）獲得のための戦争―日清・日露戦争

　日本が植民地にしていた地域を地図で確認しておきましょう（図表4-1）。

【台湾と日清戦争】

　明治4（1871）年に明治政府は日清修好条規を結びます。同年，沖縄を日本の「船」の箱に入れましたが，清国はこれを認めませんでした。琉球の島民が台湾に漂着した際，台湾の住民に殺害されるという事件が起こりました（1874年）。

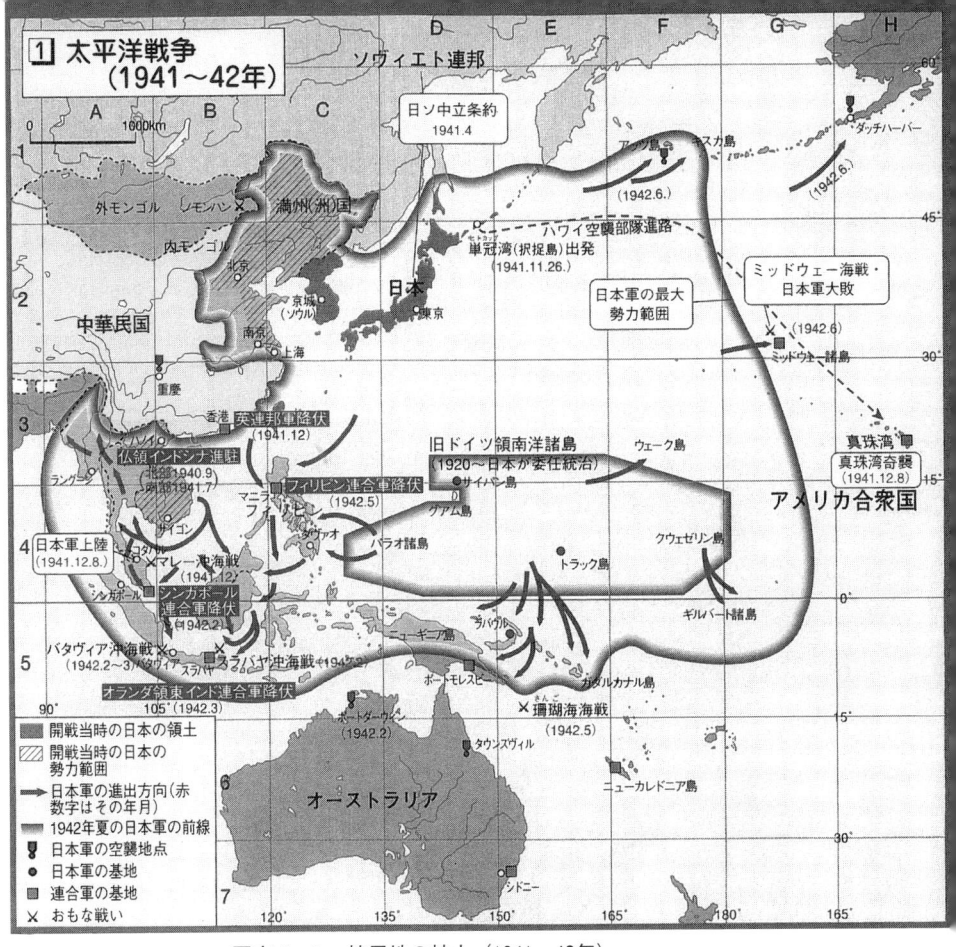

図表4-1　植民地の拡大（1941～42年）

出典：『図説ユニバーサル新世界史資料〔第5版〕』176頁

日本政府は殺害の責任を問いましたが、清国は台湾を「化外の民」（統治の及ばない民）として責任を回避ししたため、明治政府は台湾へ出兵（征台の役）します。「琉球処分」（1879年）により、琉球島民は日本国民であると主張しました。その後、日清戦争（1894～95年）に勝利した日本は、実質的に琉球を日本に帰属させ、下関条約（明治28〔1895〕年）により台湾を植民地として獲得します。

そもそも日清戦争は、日本政府が朝鮮半島の江華島付近で測量を実施し、示威行為をして朝鮮を挑発し、朝鮮の軍隊と衝突するという江華島事件（明治8〔1875〕年）を起こしたことがその発端です。李朝であった朝鮮と日朝修好条規

4　植民地の拡大と女性の移動

（明治9〔1876〕年）を結びますが，朝鮮に不利な不平等条約でした。これは日本が西洋から学びとった外交手段です。以後，日本は，西洋文明国の良いところも悪いところも吸収し，アジアの隣国に今日でも拭うことのできないシコリを残していくことになります。

【サハリン・朝鮮半島と日露戦争】

　北海道よりさらに北を見てください。1875年の千島・樺太交換条約の地域です。1905年日露戦争後のポーツマス条約により南樺太は日本の領土になります。図表4-1の地図ではサハリン（樺太）の北緯50度線以南は濃い色です。

　日清・日露という2つの近代的な対外戦争は，どちらも朝鮮半島をめぐる争いでした。結果的に勝利した日本は，朝鮮半島を1910年に併合し植民地とします。その後も20世紀の朝鮮半島は，日本，中国，ロシア（後にソ連），さらにはアメリカも加わって大国に翻弄され続けます。アヘン戦争（1840〜42年），日清戦争と度重なる戦争により「眠れる獅子」と呼ばれた清国も，中華秩序の弱体化を余儀なくされ，列強諸国へ租借地（列強が政治的・軍事的目的から，期限つきで借りた中国の重要地域。たとえば，香港は1997年にイギリスから中国へ返還された）を提供しなくてはならなくなります。

　日本も所詮は小さな島国，近代国民国家としては後発国です。明治政府が1868年に成立してまだ50年もたたないうちに，清国やロシアと戦争するには，どの大国と組んで，つまり同盟を結んで安定を確保するかという問題が常にありました。ロシアと組むか，英国と組むか。逆に列強国からすれば，どのように日本を利用するかが問題だったわけです。現代においても基本的にこの構造に変化はないようにも思います。1900年に中国で起こった義和団事件（北清事変）を鎮圧するために，ロシアは満洲（中国東北部）に2万の兵を送り込んで居座ります。ロシアが南下してきたら，朝鮮半島さらに日本は緊張状態におかれます。そこで日本政府は，明治35（1902）年に日英同盟を小村寿太郎の主導のもとに締結します。明治37（1904）年に日露戦争勃発。1905年セオドア・ルーズベルト合衆国大統領が日本の戦局が有利な時期を見計らって，アメリカのポーツマスで講和会議を開き，ポーツマス条約を結ぶことで日本は日露戦争に

> ### コラム❿『大地の子』
>
> 　1906年に南満洲鉄道株式会社（いわゆる満鉄です）が設立され，遼東半島の大連に本社がおかれます。私事で恐縮ですが，祖父はこの満鉄に勤めたため，父の一家は大連で過ごしています。山崎豊子の『大地の子』（文春文庫）がテレビドラマ化（1995年，NHK）されると，父はバスタオルを片手においおいと泣きながら見ていました。主人公の少年が孤児になる歳と同じ頃，命からがら逃げ帰った少年時代の記憶が重なるからです。
>
> 　祖父になぜ大連に行ったのか，尋ねたことがあります。祖父は随分答えに苦しんだ挙句，一言，「国策じゃ」と吐き捨てるように言いました。随分，残酷なことを聞く孫だと思ったに違いありません。大連での生活は，父によると「非常に豊か」だったようです。その豊かさは，土地を追われ，貧困にあえがざるをえなかった無数の土着の人々によって支えられていたことを，父は娘である私には伝えたことがありません。
>
> 　祖父は，貧しい生活から抜け出そうと，海を渡ったのだと思います。父方祖父母の家は出雲にあり，田舎らしい家で，薪でお風呂を焚く五右衛門風呂に，炭の掘りごたつでした。ところが朝食は，トーストにバターにコーヒーというハイカラぶりでした。祖母の作る甘い卵のオムライスが私の大好物で，祖母におねだりしたものです。あの田舎に相応しくない，ハイカラなライフ・スタイルは大連生活によるものだったのかもしれません。三浦環（オペラ歌手）が大連に来たときは，子どもたちをおいて，祖母と祖父は2人で着飾って観劇をしたそうです。一方で，祖母の親族には，シベリアで抑留生活を送った人もいます。祖父母の幼少時代の話を聞いてみてください。あなたは驚きの連続でしょう。孫が耳を傾けてくれたら，祖父母は喜んでお話してくれると思いますよ。

勝利することになります。このとき，日本はロシアに朝鮮半島の支配権を認めさせたのでした。さらに，南満洲にロシアが建設した鉄道の権益を譲り受け，後に日本が「満洲国」（1932年）という傀儡国家（あやつり人形のような国家）をつくる足がかりとなるものを得ました。旅順や大連の租借権を獲得したのもこの条約です。

【満洲国と満洲事変】

　植民地を地図に書き込みなさいというと，遼東半島に斜線を引いてくれる優秀な学生がいます。「関東州」は，1905（明治38）〜45（昭和20）年までの満洲遼東半島南端の日本の租借地です。遼東半島は日清戦争で清国から割譲されますが，三国干渉で返還します。しかし，日露戦争後は，旅順・大連を含んだ関東州の

租借権をロシアから継承しました。関東軍は満洲に駐留した日本の陸軍の部隊にすぎず，この日露戦争後に獲得した租借地，すなわち関東州を守っていたのですが，1919（大正8）年に関東軍として独立し，やがて暴走していきます。

　1931（昭和6）年9月，瀋陽市・柳条湖で関東軍は鉄道線路を爆破しました。いわゆる満洲事変です。この自作自演を中国軍がやったと関東軍は主張したあげく，近くの中国軍陣地を攻撃し，中国東北全域を占領しました。国際連盟はリットン調査団を派遣して，この柳条湖事件の真相を確かめ，日本軍が清国皇帝，溥儀を執政に迎えて「建国」した満洲国（1932年）を承認しませんでした。そのため1933（昭和8）年に日本は国際連盟を脱退します。これら一連の満洲事変から太平洋戦争に日本が負けるまでの15年間（1931～45年），日本は中国と戦い続けるのです。これを15年戦争ともいいます。日本の敗戦は米軍による広島・長崎の原爆投下で決定的となり，敗戦後は連合国軍による占領下におかれたため，アメリカとの戦いであったと勘違いしがちですが，満洲や朝鮮半島をめぐる中国との戦いであったことも忘れてはならないと思います。

　1911年に辛亥革命により清帝国は終焉します。翌12年に中華民国が成立しますが，中国国内の混乱に乗じて，日本は，満洲を植民地にするのではなく「満洲国」として建国させました。清朝のラスト・エンペラーである溥儀を「満洲国の皇帝」にしたて，その弟溥傑と日本の嵯峨浩（嵯峨実勝公爵の娘）との政略結婚も日本の軍部によるものでした（コラム⓫参照）。

　こうやってあらためて日本が膨張していった頃の地図を眺めると，日本の首相の靖国神社参拝（第6講参照）に，アジア諸国が過敏に反応するのも無理はありません。なぜ日本人は，よそ様の領地や国をわがものにしようとしたのでしょうか。　高度経済成長を遂げて久しい現代日本人には不思議でならないかもしれません。奉天（現中国東北部瀋陽）に住む日本軍人の家庭に売られてきた14歳の満洲人少女の言葉に耳を傾けてみましょう。「アイヤ日本人，満洲国の為に働く，それ嘘でしょう。満洲に鉄，石炭，金，何でもいいもの沢山あります。日本に無い，日本人それを取りに来たんでしょう」[加納 1993：200]。現代の状況で考えるなら「アメリカ人，イラクのために働く，それ嘘でしょう。イラクに石油沢山ある。それを取りに来たんでしょう」と毎日，自爆テロの恐

怖のなかで暮らさなければならない少年少女は、そうつぶやいているかもしれません。しかし、当時の大半の日本人は、満洲に「五族協和」といって大和民族、満洲族、漢民族、蒙古族、朝鮮族の5つの民族（図表4-2参照）が平和に暮らす「王道楽土」を建設するのだと信じていたのです。『満洲少女』の著者、小泉菊枝もごく普通の日本人主婦の1人でした。

図表4-2　「満洲国」建国ポスター

「五族（漢・満・蒙・日・朝）協和」「王道楽土」などを理想とする「満洲国」の建設を唱えた。
出典：『1冊でわかるイラストでわかる図解日本史』258頁

　＊　ちなみに、小泉菊枝『満洲少女』（〔リバイバル＜外地＞文学選集　第19巻〕大空社、2000年）は、昭和17（1942）年全国書房版の復刻であるが、加納が引用した箇所はない。

　戦争は、戦争を起こすものにとっては「正義」であり続け、戦争によって被害を受けたものにとってはいかなる戦争にも「正義などない」という歴史からの教訓を、人類はいつになったら学ぶのでしょうか。

海を渡る「娼婦」と「花嫁」
【からゆきさん―海外へ】

　なぜ、日本は植民地を獲得しようとしたのか。19世紀のアジアの地図を見ると、イギリス領インド、フランス領インドシナ（現在ベトナムやカンボジア）、オランダ領東インド（インドネシアなど）など○○領、という列強国の名前を冠しています。中国もマカオはポルトガルが、香港はイギリスが領有していました。国を強くしなくては、より強い国に植民地にされてしまう。アジア諸国にとって植民地化されるか否かは大きな問題でした。日本は植民地化されないために、富国強兵をしました。日本が近代国民国家として西洋列強と対峙するためのスローガンの1つです。資本主義世界のなかで、富国強兵を実現するために対外戦争をしかけ、戦争に勝利すると賠償金を獲得するだけではなく、植民地にして、そこにある資源（天然資源だけではなく安価な労働力や食料も）を搾取するか、

4　植民地の拡大と女性の移動

---- コラム⓫政略結婚ではあったけれど ----

満洲国の皇帝の弟、溥傑と政略結婚をさせられた愛新覚羅浩著の『流転の王妃の昭和史』（新潮文庫，1992年）を読んだ学生によると，あまりの波乱万丈さに，気がついたら一晩で読破していたそうです。国際結婚という視点から，歴史を読み直してみると「事実は小説より奇なり」の連続です。手に汗しながら，眼に涙がこみ上げるのを感じながら，あるいは人間の愚かさに怒りを感じながら，読むことができる本を大切にしたいものです。ただし，史実かどうかを確認する作業は別に必要だと思います。

同じく政略結婚をさせられた梨本宮方子は，昭和天皇のお妃候補であったともいわれています。『流れのままに』（啓佑社，1984年），『歳月よ王朝よ―最後の朝鮮王妃自伝』（三省堂，1987年）など，自伝を書いています。彼女は戦後，皇族の籍を離れ，在日韓国人李方子として登録しました。夫である李垠とともに1963年に帰国しますが，夫は病により祖国の地を踏むと間もなくあの世に旅立ちました。その後も，韓国に留まり，心身障害児のための福祉活動に専念しました。

それとも日本が列強の植民地となるか。日本は前者を選んだことになります。

「外貨」獲得の方法として伝統的なやり方が海外に応用されました。江戸幕府が長崎の遊女を派遣することによってオランダ人や唐人に「外貨」を落とさせた方法です。植民地拡大にともない，日本人男性が行くところには必ず日本人女性も移動しました。やがて，戦争が激しくなると従軍慰安婦として日本人女性だけではなく，より多くの植民地女性の性が，搾取の対象となりました。

明治から大正期にかけて，国内ではなく，海外へ日本人女性を移動させ，売春というビジネスが盛んになります。「からゆきさん」という言葉がありましたが，海外で性を売らざるをえなかった日本人女性の総称です。江戸時代，唐人屋敷に出向く遊女を「唐人行き」，出島へ出向く遊女を「オランダ行き」と区別しました。「から」という言葉は，中国をさす唐も意味しますが，外国全般も意味します。外国で性を売買する日本人女性を「からゆきさん」と呼ぶようになったのです。山崎朋子さんの『サンダカン八番娼館―底辺女性史序章』のサブタイトルにあるように，からゆきさんは九州の天草地方や被差別部落出身者など親に売られ，日本人に売られ，より金のある人たちに買われる女性たちでした。

1980年代に東南アジアから日本に来て，娼婦へと身を落とさざるをえない女

性たち，あるいは水商売に従事する女性たちを「じゃぱゆきさん」と表現する侮蔑的な言葉が生まれました。フィリピンでは'Japayuki'は，日常使われています。「じゃぱゆきさん」は「からゆきさん」という歴史的経緯をふまえた呼称であり，その構造は同じです。後述しますが，米国国務省から日本政府は人身売買を助長していると現代でも指摘されています。

　ロナルド・ハイアムというイギリスの歴史家は，『セクシュアリティの帝国─近代イギリスの性と社会』［ハイアム 1998］という本の中で，20世紀初めにイギリスの植民地であるインドで勤務した将校の性的告白を紹介しています。いかに多くの女性たちが，白人男性に春をひさぐことを余儀なくされたか。しかも，さまざまな人種や民族の娼婦のなかで日本人女性が次のように「評価」されているのです。

> 私はおそらく六十人ほどの売春婦を知っているが，そのなかでは日本人が勝利を容易に手中にする。彼女たちは徹底して清潔で，魅力的な挙措と美しい体を持っており，性行為そのものに知的な興味を抱いている。また彼女たちは，いつも金のことだけを考えているわけではない。次はおそらくカシミール人だろう。すぐその後ろに中国人が位置してはいるが。値段の高い部類ならばロンドンの女たちも我慢できなくはないが，彼女たちはどうにもひどい売女なのだ！東洋で生活する白人女たちは耐えられない。彼女たちがヨーロッパ市場やアメリカ市場から流れてきた澱のような存在であることを考えれば，それも不思議ではない。私のリストには，イングランド人，フランス人，イタリア人，スペイン系アメリカ人，アメリカ人，ベンガル人，パンジャブ人，カシミール人，カフィール人，シンハラ人，タミール人，ビルマ人，マレー人，日本人，中国人，ギリシア人，ポーランド人が含まれている。　　［ハイアム 1998：187］

この引用箇所は，植民地化とは，より強い国がより弱い国を支配する過程であり，19世紀の帝国主義，植民地主義は同時に，より強い男性は誰なのか，より弱い「性」（圧倒的に女性ですが，有色の度合いによってその男性も含まれます）は誰なのかを世界的に構造化していった時代であることを物語っているのではないでしょうか。

【写真花嫁─アメリカ大陸へ】

　山崎朋子さんは，同じようにアメリカやカナダへ売春婦として移動を余儀な

くされた日本人女性を「あめゆきさん」と表現しています(『あめゆきさんの歌』文藝春秋,1978年)。

　貧しい地域出身の女性が,豊かな地域で労働(性的搾取をともなう労働を含む)を強いられるように,貧しい地域の女性は,より豊かな地域へ嫁に行こうとします。アメリカに稼ぎに行った日本人男性と現地の白人女性との結婚は正式なものとして認められませんでした。日系移民の多かったカリフォルニアには白人と「黒人,ムラトー(白人と黒人の混血),およびモンゴリアン」との婚姻は正式な婚姻とはみなさない,という異人種間婚姻禁止法があったからです。全米の30州以上は,白人と有色である「異人種」間の結婚を禁止していました。アメリカに移民として渡った日本人男性は,日本人女性と結婚したくても,現地にいる日本人女性の数には限りがあります。日本では,婚姻は戸籍に届け出さえすれば成立しますから,一度も会ったことのない男女でも,日本で婚姻届さえ提出し受理されれば婚姻として認められます。このように日本で親族や戸長が婚姻届を出したあと,写真をたよりに海を渡った花嫁たちを「写真花嫁」あるいは,そのような婚姻をした女性を「写婚妻」といいました。

　しかし,日清・日露戦争に勝利した日本をイエロー・ペリル(黄色い災い,黄禍論ともいいます)として敵視するムードが,19世紀末から20世紀前半にかけて欧米に広まります。1913年カナダ政府は,日本人の渡航を制限。同年カリフォルニアでは排日移民法(外国人土地所有禁止法)が成立し,1920年に写真花嫁が禁止になりました。1924年には,合衆国の議会で排日移民法が成立しました[飯野 2000]。

　日本人女性にとっては結婚後も働くのがあたりまえだった当時,アメリカ中産階級の白人にとって,花嫁は結婚後,「ハウス・ワイフ」(家にいる妻)となることがあたりまえでした。写真花嫁はアメリカ側からすれば「安い労働力の移動」であり,同時期に「あめゆきさん」として日本人女性が海を越えてきた実態もあり,また,移住先で日本人夫の暴力に耐えかね,性を売るしか生き抜くことができなかった女性もいたことなどから,性的なモラルからも禁止すべき対象であったわけです。

　写真花嫁のピークは,1900年前後からわずか20年余りの短い期間だったとい

えます。もちろん，この写真花嫁は日本人どうしの婚姻であり，国際結婚ではありません。しかし，なぜ海を渡ってまで「花嫁」になったのでしょうか？

【大陸の花嫁―満洲国へ】

　アメリカをめざす「写真花嫁」ブームが1920年には収束へ向かうと，「花嫁」が海を越える目的地の1つに1932年，中国大陸の東北部に「建国」された満洲が加わります。満洲は地図でもわかるように，広大な地域です。大日本帝国が傀儡政権を維持するには，満洲へ内地の日本人による開拓団を送り込み，治安を安定させることが必要でした。試験移民から始まって，満蒙開拓団，満蒙開拓青少年義勇軍を国の政策，すなわち国策として送り込みました［相庭ほか1996］。もちろん，男だけ送り込んでも支配者層である日本人家族はできません。内地人女性が，「大陸の花嫁」あるいは，中学校を出たての少年には母親的な存在が必要であるとして「大陸の母」として送り込まれたのです。花嫁として，寮母として，あるいは看護婦として女性たちは国策として海を渡ったのです。リクルーターは，学校の先生でした。生徒に満洲へ行くことを働きかけたのです。あなたなら，行きますか？　「大陸の花嫁学校」と呼ばれた拓務訓練所でトレーニングも受けられますよ。

　敗戦前までに満洲に暮らしていた日本人の数は統計によって異なりますが，少なく見積もっても150万人以上といわれています［宮脇 2006：204-207；山室1993］。1945年8月の敗戦直前にソ連軍が満洲へ侵攻し，日本へ逃げ帰る途中，幼いわが子を残していかざるをえない人も，途中で力尽きる人も大勢いました。150万人が大移動をするのです。想像できますか？　親切な中国人の夫婦に養子・養女にしてもらい，育てあげられた人々を「中国残留孤児」といいます。1972年，沖縄が本土復帰を果たしたこの年に，日中国交正常化が田中角栄首相によって実現しました。しかし，中国残留日本人として日本に一時帰国し，親族を探す機会が得られたのは1981年です。敗戦当時10歳だった子どもは，46歳になっています。日本人側の親族のなかには，帰国されても面倒をみることができないと冷淡な態度にでたり，あえて名のりでなかった人もいたようです。親も高齢になっているでしょうし，兄弟姉妹は，日本の住宅事情では自分たち

の家族で精一杯であろうことを考えると，実際中国語しか話せない兄弟を受け入れることには抵抗があるのもわかります。

　海を渡るということは，政治的な状況によってはいつ，「棄民」という立場に陥るかわからないということです。しかも，国策で行ったのに，帰国まで面倒はみてくれません。帰国後に国家賠償請求を起こしても，いまのところ冷淡な判決しか出ていません。かつて支配者であり，搾取をしてきた日本人の子を大切に育てあげてくれた中国の養父母のほうが，日本国家よりもはるかに立派だと思うのは，私だけでしょうか。

なぜ花嫁は海を渡るのか？

　第一次世界大戦（1914〜18年）の間日本は，海運業を中心に貿易は輸出も輸入も右肩上がりに成長していきました。しかし，物価も高騰していきましたので，1918（大正7）年にとうとう米騒動が起きます。さらに，1923（大正12）年の関東大震災によって，東京は壊滅状態になりました。このとき植民地から移住してきた多くの無実の朝鮮人がデマ（自分の利益のためにする悪口，うわさ）のために日本人に殺害されるという悲劇が起こりました。このとき，金子文子と朝鮮人男性朴烈が大逆罪により獄中に入れられました［山田 1996；鈴木編 2006］。

　1923年の在日朝鮮人数は約8万人，逆に在朝日本人数は約40万人で，5倍も多く日本人のほうが植民地にいたことになります［森木 2002：表1，表5］。

　都市部に「新中間層」として登場してきた官吏，教員，会社員，職業軍人という比較的裕福な家庭では女中（家事使用人）を雇うことがステータスでした。しかし，第一次世界大戦頃から物価の高騰により人件費も高騰すると，女中も「売り手市場」になります。1917（大正6）年の『婦人之友』に「女中問題号」として特集が組まれ，その解決策の5番目に「外国人（たとえば朝鮮の女性）を女中として雇う」［清水 2004：97］があがっています。明らかに日本人女性よりも朝鮮の女性の人件費が安かったことを意味しています。

　都会へ出たいという地方の日本人女性がその望みをかなえる手段の1つは，女中になることでした。女中志願者のなかには，女中をしながら女学校（あるいは夜学）へ通いたいという希望が多く，その目的を分析した濱名篤先生は彼

女たちが「良妻賢母としての実用的な知識・技術の習得を動機として就業していた」〔濱名 1999：182〕可能性を示しています。この大正期の女子教育の特徴として，小山静子先生が「歴史の流れに逆らうような，伝統的な女性観の復活・強化がめざされていたわけではなく，『良妻賢母』という枠組みに女性をはめながらも，女のもつ社会的可能性を引き出し，国家に吸収していこうとする試み」〔小山 1991：191〕をあげているように，良妻賢母というイデオロギーが国家政策として浸透していった時代でした。

　1929（昭和4）年10月24日，金融の中心地であるニューヨークのウォール街の株式市場が大暴落しました。いわゆるブラック・サースディに端を発した世界恐慌の波は日本へもやってきました。田舎の貧しい人々の一部は，国内の都会へ移動し，貧民街を形成しながら糊口をしのぐことができました。しかし，世界恐慌前の23年の関東大震災で，帝都東京は壊滅的な被害にあっています。世界恐慌は彼らの「働く場所」が都会にも田舎にもなくなったことを意味します。彼らはどこへ行ったらいいでしょうか？

　高騰する物価のなかで貧困から脱却するには，海を越えることです。都会の人も田舎の人も，内地人＝日本人というだけで支配層に「上昇」する植民地へ移動するならば，内地人より安い人件費で，外地人を「利用」することができます。さらに，植民地では支配者は被支配者よりも高い賃金を獲得することができるのです。

　人の流れを加速させる要因が国内外にあったといえるでしょう。19世紀末から20世紀初頭，想像以上に多くの日本人が，植民地や満洲国，あるいは北米・南米だけではなく，フィリピンや南洋諸島へ移動しています。

　柳澤幾美先生は，なぜ写真花嫁として日本人女性がアメリカへ渡ったのかを以下のように分析しています。

> 当時の日本では一旦結婚してしまうと，女性は明治時代に確立した「家制度」に拘束され，舅，姑に仕えなければならなかった。とりわけ女性移民たちの多くは農家の出身であり，農家は働き手としての「嫁の役割」が期待された。多くの日本人女性たちはそのような日本から抜け出し，自らアメリカに行くことを希望したのである。
> 〔柳澤 2004：145-163〕

4　植民地の拡大と女性の移動

海を渡る良妻賢母イデオロギーの本質とは何かが、ここに表現されています。この良妻賢母規範は、舅や姑に仕えなくてもいいところに「近代性」を見出し、日本人女性の心を捉えたのではないでしょうか。海を渡れば、舅や姑がいないからです。

古久保さくら先生は、1930年代の日本農村女性にとって最大の情報源であった雑誌『家の光』と『主婦之友』における「大陸の花嫁」をめぐる言説を研究しました。「満洲ブーム」といわれる1938、39年に記事の集中がみられ、満洲で「幸せな家庭」としてシンボライズされているのが核家族であり、生活の文化程度の高さが主張され、その生活の豊かさぶりが、「野良（仕事：嘉本注）は男衆と満人苦人（クーリー）に委せてあり」自分は「先ず子どものお守り」に務めているという生活紹介によって強調されていることを指摘しています［古久保 1997：14-26］。アメリカの日本人男性は、白人に支配される黄色人種のひとつのカテゴリーにすぎません。しかし、日本政府の傀儡国である満洲では、その国の人間ではないにもかかわらず、日本人（＝内地人）男女は支配者層です。満洲国の国民である満洲族の満人は、内地人主婦の言葉からもわかるように支配され、安い賃金で労働を強いられました。苦人というのは、苦力とも書きますが、英語ではcoolie。この時代には中国系の低賃金未熟練労働者を意味しました。

満洲での支配者層である内地人家族は、夫婦仲の良さも強調されています。まさに舅・姑なしで子育てに専念できる良妻賢母像、すなわち、近代家族的な主婦像が雑誌に描かれているのです。豊かさ、今の言葉でいうならば「セレブな奥様の優雅な海外生活」が、当時の女性が読む雑誌において喧伝（けんでん）されていたことになります。現代の女性雑誌でも、国際結婚をして海外で暮らす日本人女性のセレブな生活特集が組まれることがありますが、時代が変わっても女性が「憧れる」パターンにあまり変化はないのかもしれません。

資本主義世界にあっては豊かな生活は、豊かではない人々の生活によって支えられています。主な稼ぎ手は男性であり、賃金を稼ぐ生産労働に従事します。一方で家事・育児・介護など再生産労働を「主婦」という名の女性に無償でさせる、というジェンダー化された役割分業も近代に入って強化されました。実は大量生産・大量消費の時代には、資本主義にとって、日本の経済の発展にと

> **コラム⓬ 海を渡る花嫁**
>
> なぜ海を渡って花嫁になるのか。「越前和紙の里」と呼ばれる小さな集落から尋常小学校を出ただけの女性が満洲へと嫁入りしたのか。大陸の花嫁として，そこで日本人が何を経験したのかを生活レベルで知るには，井筒紀久枝『大陸の花嫁』（岩波書店，2004年）がオススメです。写真花嫁については，真壁知子『写真婚の妻たち―カナダ移民の女性史』（未来社，1983年），工藤美代子『写婚妻―花嫁は一枚の見合い写真を手に海を渡っていった』（ドメス出版，1983年）などがあります。また日系アメリカ人（2世）のヨシコウチダの小説『写真花嫁』（中山庸子訳，學藝書林，1987=1990年）もあります。

って，「パパはサラリーマン，ママは専業主婦」という，現代でも「標準世帯」とされる家族形態はプラスだったのです。支配国と植民地という格差を利用して，植民地の人々の賃金を低くすることは，男女間の格差を利用して女性の賃金を低くすることと何が違うのでしょう。少子高齢社会の日本には，外国人労働者の多くを低賃金で雇っている会社があります。植民地時代とよく似た構造は現在でも続いています。

20世紀前半，海を越えてアメリカへ嫁ぐのも，満洲へ花嫁として行くのも，植民地へ渡るのも，貧しさから脱却し，舅・姑のいない近代家族を形成したいという憧憬が強かったからだといえるのではないでしょうか。

【参考文献】
愛新覚羅浩［1992］『流転の王妃の昭和史』新潮文庫
相庭和彦ほか［1996］『満州「大陸の花嫁」はどうつくられたか―戦時期教育史の空白にせまる』明石書店
飯野正子［2000］『もう一つの日米関係史―紛争と協調のなかの日系アメリカ人』有斐閣
井筒紀久枝［2004］『大陸の花嫁』岩波書店
ウチダ，ヨシコ／中山庸子訳［1990］『写真花嫁』學藝書林
加納実紀代［1993］「満州と女たち」大江志乃夫・浅田喬二・三谷太一郎・後藤乾一・小林英夫・高崎宗司・若林正丈・川村湊編『近代日本と植民地 5 膨張する帝国の人流』岩波書店
工藤美代子［1983］『写婚妻―花嫁は一枚の見合い写真を手に海を渡っていった』ドメス出版
小泉菊枝［2000］『満洲少女』（リバイバル〈外地〉文学選集 第19巻）大空社
小山静子［1991］『良妻賢母という規範』勁草書房
清水美知子［2004］『〈女中〉イメージの家庭文化史』世界思想社

鈴木裕子編［2006］『金子文子　わたしはわたし自身を生きる―手記・調書・歌・年譜』（自由をつくる）梨の木舎

中野孫一［1946］「樺太土人の国籍及び戸籍の取扱について」『民事月報』21(3)

ハイアム，ロナルド／本田毅彦訳［1998］『セクシュアリティの帝国―近代イギリスの性と社会』柏書房

濱名篤［1999］「階層としての女中」青木保・川本三郎・筒井清忠・御厨貴・山折哲夫編『近代日本文化論　5　都市文化』岩波書店

古久保さくら［1997］「『近代家族』としての満州農業移民家族像―『大陸の花嫁』をめぐる言説から」『女性学研究』（大阪女子大学女性学研究資料室論集）5（大日方純夫編［2003］『日本家族史論集　13　民族・戦争と家族』吉川弘文館に収録）

古久保さくら［1999］「満洲における日本人女性の経験―犠牲者性の構築」『女性史学』女性史総合研究会（通9）

真壁知子［1983］『写真婚の妻たち―カナダ移民の女性史』未来社

増渕留美子［1986］「1910年代の排日と『写真結婚』」戸上宗賢編著『ジャパニーズ・アメリカン―移住から自立への歩み』（竜谷大学社会科学研究叢書）ミネルヴァ書房

宮脇淳子［2006］『世界史のなかの満洲帝国』PHP出版

森木和美［2002］「移住者たちの『内鮮結婚』」山路勝彦・田中雅一編著『植民地主義と人類学』関西学院大学出版会

柳澤幾美［2004］「二重の偏見―『写真花嫁』イメージに隠された日本人女性移民の実像」田中きく代・高木（北山）眞理子編著『北アメリカ社会を眺めて―女性軸とエスニシティ軸の交差点から』関西学院大学出版会

山崎朋子［1978］『あめゆきさんの歌―山田わかの数奇なる生涯』文藝春秋

山崎朋子［2008］『サンダカン八番娼館―底辺女性史序章〔新装版〕』文春文庫（初版筑摩書房，1972年）

山崎豊子［1994］『大地の子』1-4，文藝春秋（文春文庫）

山田昭次［1996］『金子文子―自己・天皇制国家・朝鮮人』影書房

山室信一［1993］『キメラ―満州国の肖像』中公新書

李方子［1984］『流れのままに』啓佑社

李方子［1987］『歳月よ王朝よ―最後の朝鮮王妃自伝』三省堂

【史　料】

『公文録』「小笠原嶋処分一件」国立公文書館

『公文録』「外国人移籍之義伺」国立公文書館

『公文録』「傭清国人范永吉外二名帰化願ノ件」国立公文書館

『法令全書』第9巻の1，内閣官報局，原書房

『図説ユニバーサル新世界史資料〔第5版〕』帝国書院，2004年

『1冊でわかるイラストでわかる図解日本史』成美堂出版，2006年

歴史編❺

創氏改名と国際結婚

植民地出身者と内地人のインターマリッジ

　内地人と外地である植民地の人たちとの結婚は，同じ大日本帝国臣民になったわけですから，国際結婚ではないですね。しかし，日本人（内地人）どうしの普通の結婚とは，区別した呼び方があったのです。「内鮮結婚」という言葉を聞いたことがありますか？　おそらく初耳ではないでしょうか。日本人である内地人と朝鮮人と呼ばれた朝鮮半島の人々との婚姻は，「内鮮結婚」と呼ばれました。台湾の人々と内地人との結婚には「内台結婚」という表現がありますが，「日台共婚」のほうが一般的であったようです［竹中 2001：226-231］。ところが南樺太の人との婚姻に関する言葉を私は知りません。サハリンを含め，植民地での婚姻状況は，まだこれから研究していく余地があると思います。本講では，統計資料が比較的入手しやすい朝鮮半島と日本の内鮮結婚を取り上げます。

　現代日本の国際結婚を考えるとき，この植民地支配をしてきた歴史性を無視しては理解できないカテゴリーが存在します。いわゆる「在日」と呼ばれる人々と日本人の婚姻ははたして国際結婚なのか，インターマリッジなのか，という問題です。植民地支配時代に日本へ移り住んだ人々もいます。戦後，朝鮮戦争の戦禍をのがれるために，移民してきた人々もいます。3世，4世は日本生まれ日本育ちで，文化的にも日本人とほとんど変わりません。何世代にわたって日本で生まれ暮らす人々でも，国籍が日本国籍ではない人と日本人の結婚は，国際結婚でしょうか？　インターマリッジでしょうか？

　同じ国民でありながら，文化，民族，宗教，エスニシティを異にするものどうしの婚姻は，異文化間結婚とか，インターマリッジであると西洋社会では呼

ばれていることを紹介しましたね。日本の植民地人と内地人の婚姻も同じ大日本帝国臣民でありながら区別（差別）された婚姻は，国際結婚ではなくインターマリッジであると位置づけたほうがいいでしょう。

　ところで，分限主義時代の「国際結婚」の統計をとっていると，清国は出てくるのですが，朝鮮半島にあった国名（李氏朝鮮または大韓）は，1899年までにとうとう1件も出てきませんでした。隣国なのになぜでしょうか？

　江戸時代にも，朝鮮半島南部の釜山に倭館という，日本の今でいう領事館の役割を果たす場所がありました。いってみれば，江戸時代の長崎にあったあの唐人屋敷に似ています。釜山の倭館は，朝鮮半島版，日本人屋敷といったところでしょうか。徳川幕府が長崎の出島と唐人屋敷に遊女を差し出すという政策をとっていたことはお話しました。李朝も朝鮮の遊女を差し出したのかというと，むしろ，きびしく日本人との接触を制限しました。ところが，行商に来た朝鮮の女性を日本人が倭館に招き入れ，性的関係をもったことが発覚しました。そのときの朝鮮側がとった態度は，なんと朝鮮の女性を打ち首にし，倭館の門の前にさらしたのだそうです［ルイス　1997：269-294］。隣国の朝鮮半島は，日本よりも儒教的な倫理感が強く，異民族との性的関係を許さない社会であったことがわかります。朝鮮族以外の民族との婚姻を認めないという規範が強い地域を植民地にしたということを頭に入れておきましょう。

　1897年に朝鮮は国号を大韓帝国と改めていましたが，日韓協定を結び，韓国に統監府を設置しました。初代統監は伊藤博文です。彼はハルビンで1909年に暗殺されました。その翌年の1910（明治43）年「韓国併合ニ関スル条約」により，日本は朝鮮半島を植民地にしました。

　朝鮮半島では，異民族との性的関係が忌避されるというモラル，すなわち倫理規範があります。一方，日本はそのモラルに関してルーズだという文化規範があるのではないでしょうか。性的関係においてどのような関係が避けられるべきかという規範は，その文化の家族システムにも反映されます。

家族・親族システムは地域や文化によって多種多様

　もし李氏朝鮮で，ナポレオン法典をお手本に朝鮮人と外国人の婚姻を規定す

る作業があったら，日本のような婿養子の規定などつくらなかったでしょう。ナポレオン法典と寸分違わない父系血統優先主義のみを規定したと思います。なぜかといいますと，朝鮮半島の家族システムは，日本よりも父系の血筋を重要視するからです。日本でも朝鮮でも祖先崇拝をしますが，朝鮮半島ではチェサと呼ばれる祖先祭祀を執り行うことができるのは父系血縁者で，とりわけ長男です。この父系血縁集団が財産の継承や祖先祭祀，喪中における行動規範などに影響を与えるシステムを宗法制（そうほうせい）といいます。このような家族・親族システムを維持していくためには，いくつかの原則があります。その原則は，同じように祖先祭祀の習慣がある日本とは違うのです。

　朝鮮半島の家族・親族制度が日本と異なるわかりやすい例は，結婚後の姓をどうするかです。金さん（男性）と朴さん（女性）が結婚したとしましょう。日本的な感覚だと，朴さんは，結婚と同時に金さんになりますが，朝鮮・台湾・中国では，朴さんは，結婚しても朴のままです（姓不変の原則）。もちろん，子どもたちは父親の金姓を名のります。

　この夫婦に男の子が生まれなかった場合，どうするでしょう。女の子がいれば，日本なら娘に婿養子を迎えます。それはまったくの他人なので他人養子という言い方もします。しかし韓国では，そのような他人養子というのは考えられないのです。なぜかというと，父系の血統を守っていかなくてはならないと考えられているためです。一方，日本は，母方からでも父方からでも，さらには血のつながらない他人から養子を迎えても許容されますので，双系（bilineal）的な親族集団によって家族が構成されています。日本では，守るべきものは「家」の継続であって，血統の継続ではないからです。

　それに対して朝鮮族・中国（漢族）では父系制の社会であり，単系的な親族集団であり，特に長男が優先されます。金さんが長男だとしたら一大事です。金さんの末の弟を養子にするか，あるいは，金さんの弟夫婦に息子たちがいて，2番目とか末っ子の息子を，金兄さんのところへ養子に出します。金兄弟も，金弟の息子も金姓ですので，同じ姓をもつ者のみが養子の対象範囲なのです（姓不変の原則）。つまり，父である金さんの血筋のほうが重要視され，異なる姓である母方から養子をとることはありません（異姓不養の原則）。

では，金という姓の人は朝鮮半島には大勢いるのですから，別の金家から養子をもらうことはできるのかというと，できません。多くの金さんをどのように識別しているのでしょうか。朝鮮半島では，その血族集団発祥の地が重視されます。「本（ほん）」あるいは「本貫（ほんがん）」といいますが，それは，同姓のなかで血族の違いを識別するために必要なのです。金でも同一血族の始祖（その一族の最初の先祖）の発祥地が同じ人たち，たとえば，金海という地域の金一族は金海金です。そのために，族譜（ぞくふ）という父系血縁の系列を明らかにするための家系図のようなものが作成されます。たいていの場合，男子のみが記されました。もともと両班（yangban）という朝鮮時代に科挙制度に合格した官僚身分しか家系図はつくられなかったものが，日本と同じように庶民も姓を名のることになったため（1909年の民籍法），皆がよい出自の姓を名のりだし，今では韓国社会のほとんどが両班出身ということになってしまっているそうです。

　また，同姓不婚の原則といって，同じ本貫の金どうしは結婚できません。しかし，異なる本貫の金であれば結婚できます。正しくは同姓同本不婚ですね。そのためにも父系の血統が記された族譜は重要なのです。社会主義を経験した中国では，男性の家事参加率は高く，日本や韓国ほど儒教的ではないにしろ，やはり結婚しても女性は姓を変えません。とかく東アジアというと儒教国家と捉えられがちですが，中国，台湾，朝鮮と日本とはずいぶん「家」の考え方が異なります。かつて日本でも，北条政子は源政子でなかったように，婚姻後，氏を変更することはありませんでした。しかし，明治以降，結婚するとどちらかの姓を名のることになります。

　日本は家族システムのルール，つまり「家制度」を1898年の民法（法律第9号）によって確立しました。私が「家」の箱と呼んでいる戸籍が重要な役割を果たすのですが，同じ「家」（戸籍）に入る親族集団を「家」と称し，家長＝「戸主」がその「家」の箱の統率者であり，家督，すなわち戸主の地位の相続は男子優先です。現代の戸籍制度でも，「家」の箱の識別記号として「氏」を使用し，①夫中心の夫婦一体主義，②父中心の親子一体主義が「家」の箱のルールです（金英達先生は，このような日本の戸籍制度にもとづいた原理を「家籍原理」と呼んでいます）［金 1999：1-46］。また，「家」の箱に入っている者は，同時

に「船」の箱に入っていることになりますので，戸籍＝国籍（政府や，法学的に異なる解釈をしている研究者もいます）ということができます。「氏」(うじ) とは「家」の箱につけられた名前です。しかし，朝鮮半島や台湾の人々は父系の苗字である姓を大切にする習慣はあっても，異なる姓で構成される家族メンバーに共通の「家」の箱の名前，すなわち「氏」がないのです。

　国際結婚をする場合，男女の性的結合により子どもが生まれるという生物学上，自然な家族形成をします。しかし，その自然な家族メンバーを社会的に統合するルールは，社会によって異なるのです。国際結婚をして，他国で暮らしてみると，日本では疑いもしなかったあまりにも「あたりまえ」のことが「あたりまえではない」ことに，日々遭遇することになります。結婚そのものが自然ではなく，社会的な行為です。文化・社会規範に強く規定される家族や親族の習慣，ジェンダー規範を相対化する能力（日本での習慣を「あたりまえ」だと思わないで，自分たちの行動パターンと相手の文化の行動パターンを実験室の机の上においてみて観察し，それぞれのルールや原理を読み解く能力）に優れてないとフラストレーションが溜まる一方の結婚生活を送ることになります。しなやかな柔軟性と想像力（これは結婚全般にいえることかもしれません）が大切ですね。

内鮮結婚──内地人と朝鮮人の結婚

　金英達先生は，大野英達という通名もある在日の研究者です。金論文「日本の朝鮮統治下における『通婚』と『混血』──いわゆる『内鮮結婚』の法制・統計・政策について」[金 1999] は，学者の鑑のような論文です。なぜかというと，植民地研究は，思想的に偏りすぎた研究が混在し，実証的な研究よりも研究者自身の主張のほうが強すぎるものがあるからです。研究者としてはもちろん情熱も必要ですが，同時に地道な実証研究と冷静な分析力が必要とされます。

　金先生も開国以前の朝鮮においては，自国人と外国人との通婚を認めていなかったが，1894年の甲午農民戦争（東学党の乱）以後は，外国人との婚姻の事例がみられるとしています。金先生は，日本統治以降の法制度の変遷を4つの時期区分に分けて「朝鮮人と内地人との婚姻届の件数」を考察しています。ここでは**図表5-1**として金先生の表を取り上げます。

図表5-1の第Ⅰ期は，韓国併合（1910年）をへて朝鮮民事令（制令7号）施行から1921年6月までの期間（1912年4月1日～1921年6月30日）です。朝鮮人と内地人との婚姻は，今でいう事実婚であればできるけれど，内地への戸籍の移動はできなかった時代です。第Ⅰ期は朝鮮半島での統計であることが，表タイトルの下の「地域」に明記されています。同時期は朝鮮半島では朝鮮の慣習にまかされていたことが，「対象」の欄に「慣習上の儀式を挙げることによって法律上の夫婦となった。婚姻届は報告的届出であった。1923年7月1日以降は届出主義となったので，婚姻届をすることによって法律上の夫婦となった」とあることから判明します。このようにグラフや表を正確に読み取るには，周りに書いてある情報もきちっと読み込んだうえで数字を見る必要があります。出典や出所をはじめ注記のない統計を載せるレポートや研究者は評価に値しません！
　ところで，届け出られないものを誰がどうやって把握するのでしょうか。調査主体は警察調査とあります。植民地初期に朝鮮の言葉にどれほど精通した警察官がいたでしょうか？　言葉も通じない場所での調査だったのではないでしょうか。総計が100を超えている年もありますが，第Ⅲ期の届出制になってからでも総計が100（しかも，全地域の合計です）を超えるのは1930年代に入ってからです。
　第Ⅱ期は，1921年7月1日から1923年6月30日までです。朝鮮民事令施行から第2次朝鮮民事令改正までにあたります。特に1921年の朝鮮総督府令第99号「朝鮮人と内地人との婚姻の民籍手続に関する件」は「内鮮結婚促進法」ととられがち［鈴木 1992：75］*ですが，そうではないというのが金先生の主張です。第Ⅰ期である1920年4月に李氏朝鮮の王子である李垠(イウン)が日本の皇族梨本宮方子(なしもとのみやまさこ)と政略結婚させられた（コラム⓫参照）翌年に第99号が施行されています。時代の空気としては，植民地の王族と日本の皇族との結婚ですから，これを植民地支配の象徴としようとしたことは明白です。なぜなら，花嫁である方子は，自分の結婚を新聞で知ったのですから［李 1984：33-34］**。このタイミングゆえに促進法としてとらえられてもしかたないかもしれません。しかし問題は庶民に促進したかどうかです。皇族といえども日本の軍部や政治に利用されていた

図表 5-1 〈動態統計〉朝鮮人と内地人との婚姻届の件数

地域：(A) は朝鮮のみ。(B)(C) は全地域（朝鮮，内地，その他）。
対象：法律上の夫婦のみ。1923年6月30日までは，朝鮮においては事実婚主義であったので，慣習上の儀式を挙げることによって法律上の夫婦となった。婚姻届は報告的届出であった。1923年7月1日以降は，届出主義となったので，婚姻届をすることによって法律上の夫婦となった。
調査：(A) は警察調査。(B) は法務調査。(C) は人口動態調査。
単位：件

法制上の時期区分	年	朝鮮人・夫—内地人・妻			内地人・夫—朝鮮人・妻			総計	統計出所
		普通	入婚	計	普通	入婚	計		
Ⅰ	1912	57	—	57	56	3	59	116	(A)
	1913	70	—	70	42	2	44	114	
	1914	48	—	48	29	2	31	79	
	1915	38	3	41	35	—	35	76	
	1916	85	3	88	59	2	61	149	
	1917	62	3	65	54	2	56	121	
	1918								
	1919								
	1920								
	1921 1〜6月								

法制上の時期区分	年	普通	入夫	婿養子	計	普通	入夫	婿養子	計	総計
Ⅱ	1921 7〜12月 1922 1923 1〜6月	60	9	12	81	4	—	—	4	85
Ⅲ	1923 7〜12月	14	1	—	15	3			3	18
	1924	29	3	3	35	2			2	37
	1925	26	2		28	1			1	29
	1926	40	11	3	54	—			0	54
	1927	45	4	5	54	3			3	57
	1928	59	5	4	68	3			3	71
	1929	66	14	9	89	5			5	94
	1930	87	9	1	97	—			0	97
	1931	98	13	8	119	4			4	123
	1932	109	22	8	139	7			7	146
	1933	135	27	14	176	8			8	184
	1934	240	37	14	291	18			18	309
	1935	229	58	21	308	25			25	333
	1936	207	55	10	272	29			29	301
	1937	237	77	32	346	27			27	373
	1938	340	115	30	485	40			40	525
	1939	578	179	82	839	68			68	907
		271	135	14	420	53			53	473
		642	187	71	900	105			105	1,005
Ⅳ	1940	310	108	30	448	50			50	498
		859	175	82	1,116	94	—	3	97	1,213
	1941	440	134	72	646	90			90	736
		1,012	225	66	1,303	113			113	1,416
	1942	421	184	63	668	103			103	771
		1,094	210	54	1,358	172			172	1,530

統計出所 (B) 1921年7月〜1942年 Ⅲ (B) Ⅳ (C) 下段の数字

(統計出所)　(A) 1912〜1917年　朝鮮駐箚憲兵隊司令部・朝鮮総督府警務総監部『警察統計』（大正5〜6年版）
　　　　　　(B) 1921年7月〜1942年　『戸籍』（朝鮮戸籍協会）3巻10号（1943年10月）
　　　　　　(C) 1938〜1942年　朝鮮総督府『朝鮮人口動態統計』（昭和13〜17年版）
(注記)　1.（A）の数字は，儀式婚の数字なのか，民籍上の婚姻届件数なのか不明である。
　　　　2.（B）と（C）の数字の違いの理由については，まだ究明できていない。
出典：[金 1999：31] より引用

ことがわかります。彼女は敗戦後，李方子と改姓し，夫の急逝後も朝鮮人として生きました。

 ＊ たとえば，鈴木裕子は第99号を「内鮮通婚法」とし「内鮮結婚」が「内鮮人の融合同化」のカードの1つとして政策が展開をみせ始めたと位置づけている。[鈴木 1992]
 ＊＊ 自分の婚約発表を新聞で知ったことの衝撃は，方子自身の自伝の中にも出てくる。この箇所を引用し，小田部雄次は，母伊都子への「とがめ」が含まれていたとする。すなわち，この縁談話に方子自身の返事を聞かずに，新聞発表されたことが「納得いかなかった」と解釈をしている。[小田部 2007：51-52]

朝鮮総督府令第99号は，日本と朝鮮という地域で異なる家族システムを前提としながらも，結婚をしたら，地域間（内地と朝鮮半島間の）戸籍手続きができるようになったことを示しているにすぎません。地域間の戸籍移動ができるよう整備されたからといって，庶民レベルで，支配者と被支配者との結婚を積極的に促進しようとしたとは思えません。

第Ⅱ期からⅣ期にかけて（B）の統計の調査主体は法務調査で，統計の範囲が，朝鮮，内地，その他を含む全域に広がっていることに注意しましょう。

第Ⅲ期は，1923年7月1日から1940年2月10日までです。朝鮮半島が日本と併合される前年に李氏朝鮮が制定した「民籍法（1909年旧韓国法律第8号）」を廃止して，「朝鮮戸籍令」（1922年朝鮮総督府令第154号）が制定され，1923年7月1日に施行され，法律婚の制度化が進みました。しかし，朝鮮半島と日本の家族システムがどう異なるかを説明したとおり，内地戸籍には家に共通する「氏」（「家」の箱の名称）がありますが，朝鮮戸籍では個人単位の「姓」が記載され，「家」に共通する記号はありませんでした。朝鮮を併合して10数年では，届け出婚は不徹底だったのではないでしょうか。

第Ⅰ期との際立った差は，内地人の男性が朝鮮人妻の家へ入夫または婿入りする数が，1940年の3件を除いてゼロだということです。他人養子をとる，あるいは異国人から婿養子をとるという慣習が朝鮮にないことを考えると，納得のいく統計です。さらに，〈内地人・夫―朝鮮人・妻〉よりも，〈朝鮮人・夫―内地人・妻〉の組み合わせのほうが圧倒的に多いですね。1938年では12倍強，後者の件数が多いのです。

第Ⅳ期は，第3次朝鮮民事令改正の施行（1940年2月11日）から日本が敗戦す

コラム⓭慶州ナザレ園

　植民地時代に内鮮結婚をして朝鮮人男性の籍に入った内地人女性のなかには，日本国籍を剥奪された人もいます。また，親の反対を押し切って結婚したために，内地へ帰ることができなかった人もいます。内縁の妻であったために，日本国籍のまま韓国に留まらざるをえなかった人もいます。

　高齢になるにつれ，韓国籍もなく，親族からも見放された女性たちのため，大韓イエス教長老会の金龍成と日本の社会福祉法人ナザレ園会長であり宣教師である菊池政一とが慶州ナザレ園をつくり，彼女たちに終の棲家を提供しました。上坂冬子『慶州ナザレ園―忘れられた日本人妻たち』(中央公論社，1984年)には彼女たちのライフ・ヒストリーが，伊藤孝司編『日本人花嫁の戦後―韓国・慶州ナザレ園からの証言』(Lyu工房，1996年)には写真入りで彼女たちの日常が綴られています。

る1945年8月15日までです。朝鮮にとっては日本からの解放記念日までのわずか6年間です。この期間に「創氏改名」が実施されました。また，異姓養子を可能にしたことで婿養子制度を新設しました。朝鮮半島における婿養子や入夫の数は1940年以降に初めて統計にあらわれるはずですが，Ⅰ期からⅢ期にも婿養子・入夫がみられます。なぜ朝鮮人男性は日本人女性の「家」へ，本来ない慣習の婿養子（あるいは入夫）として入ったのでしょうか？

　第Ⅱ期以降の統計は，外地と内地をあわせた数です。もちろんこの数字自体も疑ってかかったほうが無難です。なぜなら，金先生も注記で「(B)と(C)の数字の違いの理由については，まだ究明できていない」と記しているように，正確な数字かどうかは保留が必要です。ただ，1938年頃から内鮮結婚は急増したということはいえると思います。なぜ，1930年代に内鮮結婚は急増したのでしょうか？

植民地時代の入夫・婿養子

　1932年に満洲国が「建国」され，いよいよ日本と中国との戦いが本格化していきます。1938年は国家総動員法が発令され，女子の労働力をいかに活用するかが問題になる時期です。さらに重要な出来事は，同年に「陸軍志願兵令」が植民地のなかでも朝鮮に発令されたことです。それまで徴兵は，同じ日本帝国臣民でも内地に戸籍をもつ男性に限られていました。いよいよ植民地の男性に

も徴兵の魔の手がのびてきました［樋口 2001］。

逆にいうと，それまでは朝鮮人男性にとって，日本人女性の家に入夫あるいは婿養子として内地戸籍に入ることは，徴兵されるリスクをともなっていたことになります。そのリスクが，外地にいようと内地にいようと同じなら，日本人になって日本人並みの賃金を稼ぐほうが有利だと考えてもおかしくありません。

図表5-1からもわかるように，1938年頃から入夫・婿養子の数が急増します。特に入夫が多いのは，日本人の舅・姑（つまり妻である日本人女性の両親）がいるよりはいないほうが，朝鮮人男性としても好都合であったからでしょう。

徴兵は植民地支配末期にならないと法制度化されませんが，徴用というやり方で，大日本帝国政府は植民地の人々を搾取していきました。北海道や九州，そしてサハリンの炭鉱に多くの朝鮮人男性が徴用（強制連行）され，低賃金，なかには賃金不払いで働かされました。竹下修子先生は，「生きる手段として日本人女性と結婚した」ケースとして2つあげています。2ケースとも，強制連行によって北海道の炭鉱など劣悪な条件下での労働を余儀なくされ，「日本の女性と結婚しておけば命は大丈夫なうえ，信用もされる」［竹下 2000：57］と教えられたり，「飯場で働く日本人女性となんとか結婚し，賃金を日本人並みにしてもらいました」［竹下 2000：57］とあるように，それは生き抜く手段でした。賃金を日本人並みにしてもらうために，婿養子か入夫になった可能性が高いと思われます。

1935年3月26日付『大阪朝日新聞朝鮮版』によれば，山口県萩市の郊外にある漁村では，男子のいない家が，朝鮮に出向いて「子供を貰って帰り養子として育てるものが多く自然内鮮結婚が盛ん」であることを報道しています。こうして幼少期から海の男として育て上げられた朝鮮人青年は完全に日本の郷風に同化し，「麗しい内鮮融和を結んでいるさうである」と記事は終わります。朝鮮半島では長男は重視されますが，次男，三男になると養子に出されたのではないでしょうか。1929年の世界恐慌，東北地方の飢饉など不況になるたびに，日本の農村では娘が売りに出されました。売春宿に売られるよりは，写真花嫁や大陸の花嫁として海を越えたほうが「まし」な時代だったのです。

「創氏改名」

　内地戸籍には家に共通する「氏」（家の名称）があるのですが，朝鮮戸籍には，同じ世帯で暮らしていても，舅と姑は別々の姓，舅と夫は同じ姓でも妻は別の姓，というように父系の姓を重視することは説明しましたね。まさに「家」の箱につける名前を創り出すことが「創氏」だったのです。

　日本人の氏名の「氏」は，「家」の箱をあらわしています。嫁入りであれば夫の，婿入りでは妻の「家」の箱の呼び名がその人の姓になるわけです。これは，嫁入りしたり，婿養子に入る人が「改姓」することです。ところが，朝鮮ではこのような「家」の箱という概念も，イメージすらもなかったと思います。もちろん，家族というイメージはあったでしょうけれど。金先生は，朝鮮では「本」という祖先発祥の地名と狭義の「姓」である男系家血統の記号が，広義の「姓」になると説明しています。

　日本人は「創氏改名」と聞くと，朝鮮の人の姓が日本風になり，さらに，名前も日本風に強制されたのだと勘違いします。それでは「改姓改名」ですみます。朝鮮では結婚しても改姓はしません。「改姓」ではなく「創氏」であるという意味は，朝鮮にはなかった「家」の箱を新たに創り，その「家」の箱を呼ぶ名前，「氏」を日本風に新たに創ったからです。金さんと朴さんが結婚しても，金，朴のままであったのに，「家」の箱に日本の氏である「大野」とつけられると，金さんの妻である朴さんまで「大野」という氏を名のらなくてはならなかったのです。

　朝鮮民事令の第3次改正（1939年制令第19号）が1940年2月11日から実施されました。制令第19号「朝鮮民事令中改正の件」には，内地の家族法上の制度である「氏」を朝鮮人にもつけることが含まれていました。これは，日本式「家」の箱を朝鮮において新しく創造することでした。氏を新しく創る，「創氏」しなくてはならない理由がこれでわかると思います。制令第20号「朝鮮人の氏名に関する件」の第2条に「氏名ハ」とあるように，氏を新しく創り，名も日本式に変更することを規定していました。

　創氏改名に際して，朝鮮の人々はわざと「天皇」とか「徳川家康」などと変更し，抵抗したという話は有名です［金 1992：65］。「天皇の赤子」という表現

があります。日本人化するということは，天皇の臣下である臣民化することでした。朝鮮の人々に教育現場で日本語を強制したり，創氏改名をさせたりすることを，皇民化政策といいます。私が「家」の箱と呼んでいるものは，明治政府が天皇を頂点とする家族国家をつくりあげるための日本社会の基礎単位なのです。

* 日本は「御歴代の追号，皇族の宮号，王公族の呼称，顕著なる神宮名または神社名，皇室に由緒深き家，歴史上および現代の功臣の氏」（1940年1月16日付朝鮮総督府法務局長通牒）などを使う届け出を受理しない方針を打ち出して，そのような「創氏改名」を防いだ。金は「その理由は，要するに"不敬"だということだ。あるいは，"天皇にお仕えする家"の名称に，天皇にかかわりのある名称を使うのは，天皇の臣たる"分をわきまえない"ことだということだろう。この点にも，天皇制イデオロギーにもとづく皇民化政策の本質が現れている」としている。

ところで，天皇の姓をご存知ですか？　日本の天皇は，現在でも姓をもっていません。「家」の箱の大元締めには，「家」の箱の名前がない。姓や氏がないほうが，レジティマシー（正統性）と威厳を保つことができますし，争いごとが避けられます。なかなか巧妙なシステムです。小和田雅子さんが皇室に嫁入りしたとたん，"雅子様"と名しか呼ばれなくなりましたね。逆に，民間に嫁入りすると日本国民になるので"黒田清子さん"と，氏名で呼ばれます。天皇家という言葉があっても，それは天皇雅子という氏名になるわけではないのです。天皇は国民の象徴であって，日本国民ではありません。立憲君主制である日本国家にとっては，天皇家の存続は重要問題ですが，男子しか天皇になれないと定めている皇室典範をどう思いますか？　日本国憲法には男女平等が規定されているのに，天皇家には及ばないようなので，お気の毒です。明治天皇も大正天皇も正妻の子どもではありませんでしたのに。

内地での内鮮結婚

　内鮮結婚は，どちらの件数が多いと思いますか？　内地で？　朝鮮半島で？地域別にみると，内鮮結婚は圧倒的に内地，すなわち日本本土で届けられており，実に9割を占めています。金先生が（C）の統計を用いて朝鮮と内地そして「その他」の地域で行われた内鮮結婚数をまとめています。それを，**図表5-2**として「『朝鮮人口動態統計』の婚姻届出件数の地域別内訳」を引用します。

図表5-2 『朝鮮人口動態統計』の婚姻届出件数の地域別内訳

(単位:件)

年	朝鮮人・夫―内地人・妻				内地人・夫―朝鮮人・妻				総計			
		朝鮮	内地	その他		朝鮮	内地	その他		朝鮮	内地	その他
1938	839	23	802	14	68	51	9	8	907	74	811	22
1939	900	27	860	13	105	72	27	6	1,005	99	887	19
1940	1,116	33	1,068	15	97	73	16	8	1,213	106	1,084	23
1941	1,303	50	1,228	25	113	71	30	12	1,416	121	1,258	37
1942	1358	47	1,284	27	172	25	134	13	1,530	72	1,418	40
合計									6,071	472	5,458	141
割合									100%	8%	90%	2%

出典:[金 1999:32]

内鮮結婚が増加していった期間である1938〜42年の総計で，図表5-2からみると，内鮮結婚の90%が日本での届け出件数であり，わずか8%が朝鮮，そして「その他」の地域で2%でした。つまり，内鮮結婚の大半は，日本国内で起こっています[金 1999:32表2；森田 1996:76]。

* 森田氏はこの統計について「これは，1937年10月，朝鮮総督府令第161号『朝鮮人口動態調査規則』にもとづき，本籍地の府尹邑面長に届出された婚姻，離婚，出生，死亡，死産の各票により府尹邑面長が人口動態調査票を作成し，これを朝鮮総督府で集計した際在日朝鮮人について集計したものである。…中略…婚姻についての届出も脱落が多く，また内縁関係者は掌握されないが，本動態統計によれば，日本内地人との間の婚姻数が朝鮮人間の婚姻数に対して，1941年73.4%，1942年75.8%をしめているのは注目される(第13表)」[森田 1996:69]としている。

内地が9割を占める内鮮結婚ですが，同期間の内地での結婚を夫婦の組み合わせ別でみると，〈朝鮮人・夫―内地人・妻〉が圧倒的に多く96%を占めます。日本人男性で朝鮮人女性を娶ったのはわずか4%です。これは，分限主義時代に日本国内で「国際結婚」をしたのは9割以上が日本人女性で，日本人男性は海外で伴侶と出会ったことを思い出させます。5年間で5000件を上回るのは，年平均1000件ペースです。

なぜ，日本では〈朝鮮人・夫―内地人・妻〉の組み合わせが多かったのでしょうか。森田芳夫先生は，「日本在住の朝鮮人のほとんどが労働者で，家族を朝鮮に残したものや未婚者が多く，そのため日本の女性を求める者が多かった。また，日本の女性の側でも戦争期間に日本人の男性が少なかったので，相互に求め合う場合が自然にみられた」[森田 1964:819]と述べています。朝鮮人男性であろうと日本人女性であろうと，生きていくためには必死だったというこ

とがわかります。

　恋愛をして結婚しようとしたものの，日本人女性の親や親族に反対されたケースも多々あります。当時の圧倒的に大多数であった貧しい階層の日本人女性にとって，自分を養ってくれる男性であるならば国籍や民族を問うてはいられない人たちもいたでしょう。現代の女性とくらべ女が1人で生きていくのは，大変な困難をともなった時代です。健康で，食べていけるだけの稼ぎがある男性であれば，「顔も見ず結婚した」というケースは，写真花嫁をはじめ，日本人どうしでもよくあったことです。結婚してから夫が朝鮮人であったことが判明するようなことも日常茶飯事だったことでしょう。

　その当時の朝鮮半島では，早婚の風習がありました。日本に留学できるほどの朝鮮人男性は，朝鮮半島ですでに結婚している人も多かったのです。ところが，日本へ来て日本人女性と恋に落ち，日本人女性もその気になって結婚し，夫の生まれ故郷である朝鮮へ行ってみると，実は夫には妻がいて，自分は妾であったことが判明するケースもありました。国際結婚の場合，どこで許可された結婚なのか，その婚姻は，双方の国にどう位置づけられているのか，確認する必要があることを忘れないでください。

外地での内鮮結婚

　朝鮮半島での内鮮結婚はどうでしょうか。内地では9割以上を占めていた〈朝鮮人・夫―内地人・妻〉は38％で，6割強は〈内地人・夫―朝鮮人・妻〉です。わずか2％の「その他」の地域とは「朝鮮半島以外の外地」，おそらく南樺太（サハリン）ではないかと思われます。朝鮮に妻がいながら日本に徴用され，サハリンの炭鉱で働くことを余儀なくされた朝鮮人男性が，内地からやってきていた日本人女性と結婚することはよくあったようです。角田房子の『悲しみの島サハリン―戦後責任の背景』（新潮文庫，1997年）は，韓国とサハリンを何度も往復して，取材をして書かれた労作です。日本がよそ様の土地まで支配したことによって，多くの庶民の人生をきびしく，つらいものにしてしまったにもかかわらず，戦後教育のなかで何も教えられないままに私自身育ってしまった「怖さ」を感じました。

森木和美先生は，朝鮮半島へ行った日本人男性が，わざわざ内地に帰って日本人女性を娶ったこと，また同じ内地人女性でも朝鮮半島にいる日本人女性を敬遠したことを紹介しています。『大阪朝日新聞朝鮮版』（1940年1月9日付）に掲載された座談会の記事で，見出しには「理想高く虚栄が強い　朝鮮の娘さん／大平壌を建設する人々の座談会　第二世の巻　その四」という記事から，「まあ，朝鮮の娘さんは植民地気分が抜けないからでしょうね。とにかくアメリカ生まれの二世を嫁さんにできないようにですね」，「朝鮮は内地とちがってオモニを安く使えるから娘さんは何もしない。箸の持ち方も知らない者もある。その上虚栄心が強くて理想が高いということを聞きます」という個所を森木先生は引用しています。そして，「二世の男性は朝鮮人女性を評している」[森木 2002：295]と解釈しているのですが，私は，朝鮮人女性を評しているのではなく，朝鮮半島に暮らす（2世の）日本人女性を評しているのではないかと思います。そうでないと「朝鮮の娘さん」の比喩で，アメリカ生まれの日系の女性，つまり2世を嫁さんにできないという意味が理解できなくなるからです。これらの発言をしているのは，日本人の親をもつ朝鮮生まれのいわば日系2世の男性です。

　支配者側の日本人一家が日本から朝鮮へ渡ると，公務員などの特権階級は日本人の女中，あるいは安く使えるオモニ（オモニとは母を意味しますが，ここでは家事使用人の既婚朝鮮人女性であると考えられます）を家事労働のためにやといます。そのような植民地の環境で育ったなら，箸の持ち方も知らない女性になるので，内地から内地人の嫁を娶るのだと解釈すべきではないでしょうか。その記事によると内地女性を娶るのは，「内地の学校を出て大会社とか銀行とか官界に勤めてをられる方だけです」といっています。

　植民地へ渡る日本人女性は，1910年の日韓併合から7年後には「多くは気風が悪い人情の軽薄な虚栄な無教養な貞操の疑わしい娘のようにしか見えない」［森木 2002：294-295］（『京城日報』1916年1月27，28日付）と，評価が低かったようです。

　たしかに，上流階層の内地人（1世）であるならば，内地から女性を嫁として選ぶでしょう。朝鮮で育った娘さんが，嫁として不評だとしたら，朝鮮で育

った息子も，内地人女性を嫁として選んだのでしょうか。いずれにせよ，内地ではうだつのあがらない男性でも植民地では支配者層になるのですから，内地人女性であれ，地元の女性であれ，外地で結婚しやすかったのは日本人男性であったことは間違いないでしょう。

日本国籍剥奪とサンフランシスコ平和条約

　1945（昭和20）年，日本は第二次世界大戦に敗戦します。1951年に米国をはじめとする連合国と締結された「日本国との平和条約」（通称，サンフランシスコ平和条約）が52年に発効されると，「内地戸籍」を有していない「外地戸籍」の元大日本帝国臣民は，日本国籍を離脱したものとして扱われました。正確には，法務府民事局長通達（1952年4月19日付民事甲第438号「平和条約の発効に伴う朝鮮人，台湾人等に関する国籍及び戸籍事務の処理について」）により，ほとんど当事者の意思は問われることなく，「大日本帝国臣民」だった彼らは日本国籍を剥奪されたのです。内鮮結婚により内地戸籍に入った人は日本国籍となりましたが，外地戸籍である朝鮮籍に入った人は，元内地人であっても日本国籍を剥奪されました。

　この平和条約と同時に，日本は日米安全保障条約（1951年）を結びました。1947年発布の日本国憲法は戦争を放棄することを明記しています。戦争をしない代わりに，日本の安全はアメリカが守ってくれるというという体制が半世紀以上続いています。

　第二次世界大戦後，朝鮮半島では日本の支配から解放されると，1948年，北には朝鮮民主主義人民共和国が，南には大韓民国が建国されました。しかし，50年6月から始まる朝鮮戦争は，朝鮮半島を地理的に南北に引き裂くとともに，イデオロギー的には東西に引き裂いたのです。共産主義圏であった東側のソ連と中国が北朝鮮を，西側の自由主義諸国の代表であるアメリカが南朝鮮を支持し，朝鮮戦争は激化していきます。一方，日本は朝鮮戦争による軍事特需により，戦後復興を成し遂げ，1955年頃から高度経済成長期を迎えます。この戦争は，多くの旧大日本帝国臣民であった朝鮮半島出身者から，故郷へ帰る機会を奪いました。さらに，戦禍を逃れて朝鮮半島から日本へ流入し定着した人々も

> **コラム⓮ バツイチ**
>
> 　女性が離婚すると夫との戸籍に×印がつくことから，「バツイチ」と俗にいわれます。
> 　ひと昔前までは，戸籍抄本（謄本）を取り寄せると，それは縦書きで罫線で区切られ，まさに「箱」に入っていると感じたものです。しかし，今日では電子化され，横文字となり，罫線もありません。バツイチという言葉は残っていますが，電子化された戸籍に×がつくのでしょうか？
> 　結婚したのに×がついた人がいます。誰かわかりますか？　ワイドショーでも時々この方の話題になります。そう，旧姓小和田雅子さんです。小和田家の戸籍に×をつけることによって（小和田家の戸籍のある市のお役人は×の練習をしたそうです）除籍の手続きが完了しました。こうして彼女は皇太子に嫁いだときに日本国民ではなくなったのです。

つくりだしました。

　元日本帝国臣民で国籍を剥奪されながらも日本に定住していった人々を，総称して「在日」といいます。ちなみに，1952年の外国人登録者数は59万3955人です。そのうち53万5065人が「韓国・朝鮮」籍で，全体の9割を占めていました。朝鮮半島出身者の場合，「韓国籍」と「朝鮮籍」の2つがありますが，これらは日本政府がつけた「記号」にすぎません。なぜなら，「朝鮮籍」は朝鮮民主主義人民共和国の国籍を意味していないからです。いまだ北朝鮮と日本政府は国交を正常化していません。1965（昭和40）年に日韓基本条約が締結され，大韓民国とは国交が正常化されました。しかし，「韓国籍」の在日が大韓民国の市民権をもっているかというと，そうではありません。

　日本政府の統計をみるとき，日本が植民地としていた地域出身者の「国籍」には注意が必要です。大韓民国のパスポートと市民権をもつ「新（来）韓国人」（在日のオールドカマー／オールドタイマーに対して，ニューカマーと呼ばれることもあります）も，「韓国・朝鮮籍」という日本政府のカテゴリーに分類されてしまうからです。同様に「中国籍」のなかには，旧植民地台湾出身者の「在日」，新規で大陸中国にある中華人民共和国から来る人，台湾から来る人すべてが含まれ，「中国籍」と表記されるからです（入国管理局の統計の場合，一部台湾を区別しているものもあります）。

「韓国・朝鮮籍」と日本人との結婚

　朝鮮戦争は，1953年に休戦協定が結ばれました。板門店が軍事境界線として有名ですが，北緯38度線にそって戦争をお休みしているだけであって，いつ交戦状態になるかわからないという危機感を抱えています。

　日本赤十字は，在日のなかで希望する人を北朝鮮に帰還する事業を始めました（1959年から）。その頃，北朝鮮は地上の楽園を建設するという触れ込みでした。日本が満洲に「王道楽土」を建設するといいながら，満洲の「国民」を搾取し続けたように，「五族協和」やら「大東亜共栄圏」などという美辞麗句ほど欺瞞に満ちたものはないということを歴史は教えてくれるはずです。

　戦後になってから，日本人妻で，朝鮮人夫と帰還事業により北朝鮮に渡った人々もいます。北朝鮮からいわゆる「脱北」をし，2003年に中国経由で日本に帰国した日本人妻は，2005年4月突然，北朝鮮に中国経由で「帰り」ました。記者会見で彼女が涙を流しながら「万歳！」と両手をあげる仕草に，悲痛な叫びを感じざるをえませんでした。

　　＊　李英和責任編集『北朝鮮・日本人妻たちへの鎮魂歌』（ザ・マサダ，1997年），石田収編著『北朝鮮の日本人妻からの手紙』（日新報道，1994年）などは，北朝鮮に渡った日本人女性からの日本の親族に宛てた手紙を紹介している。

　日本に永住しながら日本国籍がないという状態は，いわゆる国籍条項が適用されるために，在日の人々には参政権もないということです。国籍がないということで，就職では不採用になることもありました。また，平和条約施行と同時に成立した外国人登録法によって，外国人登録証を常に携帯してなくてはなりません。しかも，その法律は，外国人登録に際して指紋をとることを義務づけたのでした。1979年に国際人権規約に日本が批准したこともあって，80年代に日本で「国際化」，「国際人権」，「内外平等」が叫ばれるようになりました。在日コリアンを中心に，指紋押捺拒否運動や地方参政権要求の運動が盛り上がりました。在日の問題を解決しないで何が国際化かという意見も出され，「内なる国際化」の必要性が叫ばれた時代です。この指紋押捺制度は，1992年外国人登録法の改正（施行は93年）によって，永住者および特別永住者と呼ばれる在日については，ついに廃止されました［田中 2005；鄭 2003］。

指紋押捺といえば，アメリカで2001年9月11日に起きた同時多発テロ以降，入国管理を強化したアメリカが指紋押捺を始めました。そのうち，人は生まれ落ちると，病院で指紋をとられ，地球人である証拠のため地球連邦政府あたりがIDカードを発行するようになるのかもしれません。

　大韓民国と1965年に国交が正常化されたとはいえ，韓国は軍事政権下にあり，長い間，「最も近くて遠い国」でした。1987年の民主化運動により，軍事政権が崩壊します。88年のソウル・オリンピックの後，海外渡航の自由化が実現しました。つまり，「韓国・朝鮮籍」と日本人との結婚をみる場合，90年を境にニューカマーが急増することを頭の中に入れておかなければなりません。

　図表5-3「日本での朝鮮人の婚姻届出件数と国籍別組み合わせ」を見てください。1975年には，「韓国・朝鮮籍」の人が同じ「韓国・朝鮮籍」どうしで結婚する割合が，半分を切っています。その後もその組み合わせの婚姻は低下し，90年には15.8％と最低を記録しました。その後，数ポイント上昇する傾向がみられるのは，ニューカマー・コリアンとオールドタイマー・コリアンとの結婚が，大韓民国の渡航の自由化にともなって起きているからだと考えられます。しかし，国際結婚では，妻「韓国・朝鮮」籍が日本人男性と結婚する組み合わせに増加傾向が集中していることがわかります。

　1964年には，日本生まれの在日韓国・朝鮮人は68.1％（39万3960人）を占めるようになりました。1940年以前に日本に来て定住した人は16.8％，1941年から45年9月1日の間に来た人は3.3％。敗戦後に来た人は0.9％で，不詳が10.9％でした〔森田 1996：126-127〕。『人口動態統計』でみると，日本人男性の国際結婚の妻の国籍別割合で最も多く占めていたのは「韓国・朝鮮籍」の女性で，1960年代は8割でしたが，その後割合は低下していき，75年には61.9％，85年には半分を割ります。1989年と90年は，前年度と比較すると1.9ポイント，1.4ポイントとそれぞれ微増しますが，その後も減少傾向が続き，2006年には2割から3割を占めるにすぎなくなりました。一方，日本人女性の国際結婚を配偶者国籍別の割合でみると，1970年代までは戦争花嫁型がトップで，米国籍配偶者の割合が5割前後を占めていました。しかし，1975年以降は，「朝鮮・韓国」籍男性との結婚が55％前後で推移しますが，80年代後半に入るとその割合は減

図表5-3　日本での朝鮮人の婚姻届出件数と国籍別組み合わせ

(単位：件，( )は％)

年	婚姻届総件数	夫妻	韓国・朝鮮	韓国・朝鮮		日本	その他
			韓国・朝鮮	日本	その他	韓国・朝鮮	韓国・朝鮮
1955	1,102		737 (66.9)	242	—	94	29
56	1,796		1,281 (71.3)	340	—	134	41
57	2,286		1,674 (73.2)	407	—	168	37
58	2,810		2,085 (74.2)	465	2	211	47
59	3,597		2,473 (68.8)	805	1	280	38
60	3,524		2,315 (65.7)	862	—	310	37
61	3,734		2,568 (68.8)	745	1	396	24
62	4,532		3,180 (70.2)	807	—	514	31
63	4,542		3,102 (68.3)	830	—	571	39
64	5,097		3,360 (65.9)	1,027	3	673	34
65	5,693		3,681 (64.7)	1,128	3	843	38
66	5,352		3,369 (62.9)	1,108	3	846	26
67	5,927		3,643 (61.5)	1,157	2	1,097	28
68	6,143		3,685 (60.0)	1,258	35	1,124	41
69	6,043		3,510 (58.1)	1,168	31	1,284	50
70	6,892		3,879 (56.3)	1,386	44	1,536	47
71	7,354		4,030 (54.8)	1,533	45	1,696	50
72	7,439		3,839 (51.6)	1,707	44	1,785	64
73	7,450		3,768 (50.6)	1,674	52	1,902	54
74	7,789		3,877 (49.8)	1,743	53	2,047	69
75	7,249		3,618 (49.9)	1,554	35	1,994	48
76	6,944		3,246 (46.7)	1,564	37	2,049	48
77	6,676		3,213 (48.1)	1,390	37	1,990	46
78	6,683		3,001 (44.9)	1,500	35	2,110	37
79	7,041		3,155 (44.8)	1,597	38	2,224	27
80	7,255		3,061 (42.2)	1,651	52	2,458	33
81	7,250		2,949 (40.7)	1,638	41	2,585	37
82	7,655		2,863 (37.4)	1,809	38	2,903	42
83	8,081		2,714 (33.6)	1,901	33	3,391	42
84	7,806		2,502 (32.1)	2,021	40	3,209	34
85	8,627		2,404 (27.9)	2,525	37	3,622	39
86	8,303		2,389 (28.8)	2,330	34	3,515	35
87	9,088		2,270 (25.0)	2,365	26	4,405	22
88	10,015		2,362 (23.6)	2,535	32	5,063	23
89	12,676		2,337 (18.4)	2,589	38	7,685	27
90	13,934		2,195 (15.8)	2,721	46	8,940	32
91	11,677		1,961 (16.8)	2,666	41	6,969	40
92	10,242		1,805 (17.6)	2,804	55	5,537	41
93	9,700		1,781 (18.4)	2,762	42	5,068	47
94	9,228		1,616 (17.5)	2,686	47	4,851	28

資料：『人口動態統計』1986～94年版，『婚姻統計―人口動態統計特殊報告』(厚生省大臣官房統計情報部，1987年8月)，森田芳夫「戦後における在日朝鮮人の人口現象」(『朝鮮学報』第47輯，1968年5月)．
注：( )の％は，総件数に占める韓国・朝鮮人同士の婚姻件数の割合．人数割合ではない．
出典：[森田 1996：179]

少傾向に転じ，95年には4割に低下します。

　帰化した元在日の日本国籍取得者と，在日との結婚も「国際結婚」です。また，ニューカマーの大韓民国籍の女性が，日本人男性と国際結婚し帰化して日本国籍になった後に離婚し，再婚相手として在日男性を選んだ場合も，国際結婚です。彼女は，国籍は日本になりましたが，エスニシティとしてはコリアンです。いずれにせよ，国際結婚とは，動態統計では婚姻時点での国籍，国勢調査のような静態統計ではその時点での国籍が問題となることに注意をしましょう。

【参考文献】

石田収編著［1994］『北朝鮮の日本人妻からの手紙―金政権が続く限りこの悲劇は終わらない』日新報道

伊藤孝司［1996］『日本人花嫁の戦後―韓国・慶州ナザレ園からの証言〔新版〕』LYU工房

潮編集部［1972］「棄民にされた韓国の日本人妻の証言」『潮』153号，潮出版社

小田部雄次［2007］『李方子――韓国人として悔いなく』ミネルヴァ書房

上坂冬子［1984］『慶州ナザレ園―忘れられた日本人妻たち』中央公論新社（中公文庫）

金英達［1992］「創氏改名の制度」宮田節子・金英達・梁泰昊『創氏改名』明石書店

金英達［1999］「日本の朝鮮統治下における『通婚』と『混血』―いわゆる『内鮮結婚』の法制・統計・政策について」『関西大学人権問題研究室紀要』（関西大学人権問題研究室）39

鈴木裕子［1992］『従軍慰安婦・内鮮結婚―性の侵略・戦後責任を考える』未来社

竹下修子［2000］『国際結婚の社会学』学文社

竹中信子［2001］『植民地台湾の日本女性生活史 3 昭和篇上』田畑書店

田中宏［2005］『戦後60年を考える―補償裁判・国籍差別・歴史認識』創史社

鄭暎惠［2003］『〈民が代〉斉唱―アイデンティティ・国民国家・ジェンダー』岩波書店

角田房子［1997］『悲しみの島サハリン―戦後責任の責任』新潮社（新潮文庫）

樋口雄一［2001］『戦時下朝鮮の民衆と徴兵』総和社

福岡安則［1993］『在日韓国・朝鮮人』中公新書

水野直樹［2008］『創氏改名―日本の朝鮮支配の中で』岩波新書

森木和美［2002］「移住者たちの『内鮮結婚』」山路勝彦・田中雅一編著『植民地主義と人類学』関西学院大学出版会

森田芳夫［1964］『朝鮮終戦の記録―米ソ両軍の進駐と日本人の引揚』巌南堂書店

森田芳夫［1996］『数字が語る在日韓国・朝鮮人の歴史』明石書店

山本かほり［1996］「在韓日本人妻の生活史」谷富夫編『ライフヒストリーを学ぶ人のために』世界思想社

李方子［1984］『流れのままに』啓佑社

李英和責任編集 ［1997］『北朝鮮・日本人妻たちへの鎮魂歌』ザ・マサダ
ルイス，ジェイムス ［1997］「釜山倭館における日・朝交流—売春事件にみる権力・文化の相克」中村質編『鎖国と国際関係』吉川弘文館

歴史編❻

戦争と国際結婚

サムライの「いくさ」・国民兵の「大戦」

　日本における国際結婚の誕生は，日本が西洋産の近代国民国家として主に西洋列強と国際法というルールにもとづいて国際関係を築けるかどうかにかかっていたということを述べました。明治維新以前の，つまり国民国家成立以前の「いくさ」は，〈武士〉VS〈武士〉のいわゆる「内戦」です。戦争の性格が，近代と前近代では変化していきます。

　特に大日本帝国憲法（1889年）以後の「戦争」は，〈近代国家日本〉VS〈他の近代国家〉です。日清戦争（1894～95年），日露戦争（1904～05年）には，その性格があらわれています。武士ではなく，国民が兵士になる，国民皆兵制へと移行するのも国民国家の特徴です。内外人民婚姻条規を布告した1873（明治6）年に徴兵令を出し，憲法発布のときには国民皆兵の原則を確立しました。

　もともと靖国神社は，明治政府側の官軍の戦死者（1868～69年の戊辰戦争，すなわち〈旧幕府〉VS〈明治新政府〉の戦い）を祭るために，1869年に東京招魂社として建立されたものです。徴兵令が出された後の1879年に靖国神社と改称し，天皇と国家のために戦死した霊を祭るようになります。つまり，靖国神社は内戦により武士身分として戦死していった者を祭る神社から，「国のために戦う」国民の死後の魂を英霊として「招魂」する神社へと性格を変えていきます。「誰が，どこの国のために戦うのか」，つまり国民とは誰かを規定する国籍をより正確に制度化する必要性を生み出すのです。

　国民兵の戦争である日清・日露戦争は，外国の領土である植民地の獲得をもくろむものでした。大日本帝国による朝鮮半島や台湾，そしてサハリンの植民地化は，19世紀のヨーロッパ諸国が植民地拡張に際してとった行動を「手本」

にしたともいえます。19世紀後半の世界地図のほとんどが、西欧諸国の植民地となっています。

20世紀になると、国家と国家の対戦は、複数の国家がそれぞれ同盟や連盟関係を結び、複雑になりすぎた結果、「世界大戦」と括らなくてはなりませんでした。ヨーロッパでは第一次世界大戦（1914～18年）が勃発します。30カ国近くが参加した大規模なものです。ヨーロッパ全土が戦争に巻き込まれていったのでした。さらに、第二次世界大戦（1939～45年）へと続きます。いったい、20世紀だけで、どれだけの兵士が、市民が戦争の犠牲になったのでしょうか。

国際結婚で生まれた子どもは、もし、パパの国とママの国が敵どうしとして戦争を起こしたら、どこの国の兵士となるのでしょうか？　パパの国もママの国も仲良くしてくれるように願うのが当然ではないでしょうか。

夫婦国籍同一主義から独立主義へ——パパの国とママの国が戦争をしたら

明治6（1873）年の内外人民婚姻条規はナポレオン法典を模範としたため、妻も子どもも夫の国籍に従うという夫婦国籍同一主義です。ナポレオン法典にはない婿養子の規定も、婿である外国人男性が「日本人タルノ分限」を得るので、夫婦の国籍が同じになるという点では変わりがありません。ヨーロッパでも、夫の国籍に妻の国籍が移動することは「普遍的」であると考えられていました。今でも結婚したら夫の姓になることが「普遍的だ」と日本人女性が思っているように、当時は、結婚したら夫の国籍になることは「自然な」ことであったのです。ところが、第一次世界大戦を契機として、婚姻と同時に発生する妻の国籍変更の効果を認めず、夫婦間であっても国籍の独立性を認めようとする夫婦国籍独立主義がとられるようになりました［奥田 1996］。

＊　イギリスについての詳しい国籍法に関する研究は、柳井健一『イギリス近代国籍法史研究——憲法学・国民国家・帝国』（日本評論社、2004年）参照。

オーストリア——ハンガリー帝国（1867～1918年）の伯爵で外交官として来日していたハインリッヒ・クーデンホーフ・カレルギー伯爵は、日本人女性、青山光子と恋に落ちます。日本政府が許可を出すのは明治28（1895）年ですが、翌年には夫の帰国が決まり、商家の娘であった光子はいきなり、ドイツ国境に

> **コラム⓯ ミツコという名の香水**
>
> ゲランという化粧品会社がMITSOUKOという香水を出しています。それは，伯爵夫人となった青山光子をイメージしてつくったといわれています。クロード・ファーレルの『ラ・バタイユ』は，クーデンホーフ光子をモデルにして描かれた小説で，日露戦争を背景に1906年に発表されましたが，香水のイメージにヒントを与えた作品として知られています。日本でも「クーデンホーフ光子」を題材にした小説として，松本清張の『暗い血の旋舞』（文春文庫）があります。光子の生涯は，舞台やTVドラマ，漫画にもなりました。大和和紀は『レディー・ミツコ』（講談社）で光子の一生を，木村毅『クーデンホーフ光子伝』（鹿島出版会，1971年初版，1976年普及版）にそって忠実に漫画化しています。
>
> さて，ミツコという名の香水の芳香を「あ，祖母の鏡台の匂いがする」と評した友人がいます。まさに波乱万丈な人生を送った明治の女，ミツコの凜とした「にほひ」と，古きヨーロッパが溶けあったような香りがします。ミツコについては，多くの書籍が出ています。吉田直哉『蝶の埋葬―クーデンホーフ・ミツコ伝説』（岩波書店，1997年），南川三治郎『クーデンホーフ光子―黒い瞳の伯爵夫人』（河出書房新社，1997年），シュミット村木眞寿美編訳『クーデンホーフ光子の手記』（河出書房新社，1998年）など。

近いボヘミアの古城に2人の幼子を抱えて，伯爵夫人としてヨーロッパへ渡ることになったのです。日本政府に届け出たということは，光子は日本国籍を失っています。またカトリックにも改宗しました。第一次世界大戦は〈三国同盟（独・墺・伊）〉対〈三国協商（英・仏・露）〉が対立軸です。日本は，1902年に日英同盟を，1907年に日露協約を結びましたので，光子の祖国日本と，夫の国オーストラリア（墺）は敵対関係になったのです。

第一次世界大戦終結後の1923年に，「汎ヨーロッパ」が提唱されました。これは後にヨーロッパ経済共同体（EEC）と，さらに経済面に限定されない共同体となったヨーロッパ共同体（EC）の基礎となります。この提唱者こそ，パパの国とママの国が敵国どうしなったとき，どうしたらいいのかを考えざるをえなかった子どもの一人，リヒャルト・クーデンホーフ・カレルギー伯爵だったのです［木村 1976］。

英国では，1870年帰化法の改正が幾度か行われましたが，1918年の改正は，「第一次世界大戦において，多くの英国人女性が敵国人と婚姻していたためにその国の国籍を取得し，イギリス国内で敵国人としての取扱を受けた」［二宮

6　戦争と国際結婚

1983]ことに起因しています。1933年の法改正では，30年にハーグ条約を英国も署名したため，自動的にイギリス国籍を喪失しないという夫婦国籍独立主義（二元主義ともいいます）になりました。

　ハーグ条約とは，1930年，第1回国際法典編纂会議において締結された「国籍の抵触に関する条約」です。この条約は，妻の国籍の積極的および消極的抵触の防止を規定するにとどまったために，多くの婦人団体が不満を表明し，国際連盟に婦人諮問委員会が組織されるにいたりました。

　婚姻と同時に国籍が自動的に変わってしまうという規定は，政治的にみても人口学的にみても，戦争が頻繁に起こる20世紀にはそぐわない法制度であると認識されるようになりました。それだけではなく，両性平等の思想，さらには婦人女性参政権運動の高まりなど，国籍は参政権に直結する問題でもありますから，女性の権利意識の高まりと戦争が密接に絡み合っていたのです。

　男女平等思想と婦人参政権運動が高まりをみせていた20世紀初頭，世界大戦と呼ばれる戦争が立て続けに2回もあったことは，偶然ではなく必然でしょう。女性に参政権を与えるというのは，女性の「市民化」（公民化）を意味します。ヨーロッパでは19世紀に高揚したナショナリズムが，さらに第一次世界大戦によって女性たちにも自覚を促したのではないでしょうか。英国では，妻の国籍の独立化要求が「超愛国主義者」［溜池 1952：54］から主張されたのです。一方で，国民兵として男たちが戦っている間に，家のことをとり仕切るのは女たちになります。人間，困難に直面したときにこそ，その人の真価や実力が問われます。夫が留守で，しかも戦争という非常事態に力を発揮してみたら，「けっこうできるじゃないの，私だって」と。

　さらに，世界大戦は「男も女も子ども」も総力をあげて戦わなくてはなりませんでした。国民総力戦という言い方は，そのためです。日本では，日中戦争（1937年の盧溝橋事件から45年の日本敗戦まで）の長期化を背景に，昭和13（1938）年に国家総動員法が公布されました。第5講で取り上げた朝鮮半島の人々に「創氏改名」を推し進めたり，満洲の開拓農民である日本人青年へ「大陸の花嫁」を送り込むのもこの頃です。

　特に戦争は，女性にも「お国のために戦う」という意識を高めさせました。

男性が兵士としてフロント（前線）で戦うのに対して，女性は「銃後を守る」ことが大切とされました。男性が戦場に駆り出されることで，女性はただ家庭を守るだけでなく，弾薬工場で火薬を詰めたり，傷ついた兵士を看護するなど，戦争は女性の職業を拡大させました。家では夫に代わって妻がイニシアティブ（主導権）をとるようになっていったのですから，婚姻すると妻は「無能力」であり，その権利は夫のみが行使するという制度に対して疑問の声があがるのは当然だったといえるでしょう。「お国のために」働くのですから。

山田耕筰と日本人女性の権利―参政権と男女平等

　第一次世界大戦終結直後，ヨーロッパで婦人参政権の運動が盛んになるのを，目のあたりにした日本人女性がいました。それは，音楽家であり「赤とんぼ」などの名曲を生み出した山田耕筰の姉，山田恒子（恒，とも。以下，恒子で統一）でした。彼女は1898年，イギリス人で米国大使館員のエドワード・ガントレットと結婚しました。『岩波 女性学事典』（2002年）には「当時の日本は国際結婚の規定がなく英国籍を取得の上，結婚した」とあります。ガントレット恒子が書いた『七十七年の想ひ出（伝記・ガントレット恒子）』にも，英国籍を取得したと書いてある［ガントレット 1989：62-63］のですが，イギリスで調べてみたところ，帰化リストに彼女の名前は見つからず，また，婚姻証明書も見つけることができませんでした。彼女の「想ひ出」が正しいとするなら，おもしろいことに英国籍を取得後，女性の参政権問題に身を投じることになるのです。*

　　＊　ガントレット恒子に関する研究は，本格的には行われていない。管見によれば，松倉真理子の論文のみである。松倉真理子「もう一人の婦人運動家―ガントレット恒子（1920年代における）」『キリスト教社会問題研究（同志社大学人文科学研究所）』51，2002年，85～112頁。

　1920年6月6日万国婦人参政権協会ジュネーブ大会に参加した恒子は，ドイツの代表が「私共が四年前に参政権を持ってゐたらこの戦争は防ぎ得られたのではないだらうか，戦争こそは家庭の破壊である。婦人達は絶対に戦争を排撃する。世界各国の婦人が参政権を得て世界平和確立のために尽力することを望む」［ガントレット 1989：117］と述べたことに，恒子は衝撃を受けます。数年前まで敵どうしであった国民の女性たちが一同に会し，女性の力で平和を実現す

るためには，何よりも女性の声を反映させることのできる権利がなくてはならないと。それまで恒子は，参政権など一部の過激な女性のために獲得されるべきもの，としか思っていなかったのですがこの日を境に，「凡ての女性に当然与えられるべきものであるといふ事を深く感じた」［ガントレット 1921：14］と考えをあらためました。

　弟，山田耕筰は，戦前に音楽一家をロシアから招きます。東京音楽学校（現・東京芸大）に赴任したウクライナ生まれの父レオ・シロタと母とともに来日したのが，後に日本国憲法に男女平等の項目を書き入れることに努力したベアテでした。少女時代を日本で過ごしたベアテは，日本の女性が無権利状態におかれていることを肌で感じて育ったのです。アメリカ名門女子大学ミルズ・カレッジに進学した後，日米開戦。両親が生きているのか死んでいるのかさえもわからないという状態が続きます。この大学を出たばかりの若い女性が，どのようにして今の日本の憲法に影響を与えるようになるかは，ベアテ・シロタ・ゴードンの本をお読みください［ゴードン 1995］。

　「文明諸国」の女性の参政権問題は19世紀にすでにいろいろな運動が展開されていましたが，最も早く女性の投票権が実現したのはニュージーランド（1893年）で，社会主義革命の理念として男女平等を掲げたソ連は1917年でした。欧米諸国では，ドイツは第一次世界大戦後の1918年，アメリカは1920年，英国は1928年に婦人参政権が認められます。ところが，あの人権宣言を出したフランスは，日本と同じく第二次世界大戦後の1945年なのです。1945年10月11日，マッカーサーが示した日本の民主化に関する五大改革の第1項めが「参政権の賦与による日本婦人の解放」でした［辻村 1997：151］。

「写真花嫁」から「戦争花嫁」へ──異人種間婚姻という障害の除去

　20世紀の戦争は，女性の権利意識を高めただけでなく，さまざまな人種間の婚姻に立ちはだかっていた壁にも風穴を開けていくことになります。

　国際結婚の視点からみるとき，戦後の国際結婚といえば，「戦争花嫁」と呼ばれた女性たちを抜きに語ることはできません。世界大戦は，War Brideという現象を世界規模で引き起こしました。戦争期間中の婚姻を敵味方関係なく

War Bride と呼ぶこともあるようですが，狭義では，敗戦国国民（多くの場合女性）と戦勝国国民（多くの場合男性）の婚姻のことをいいます。第一次世界大戦では，ヨーロッパの国どうし，あるいはヨーロッパとアメリカという組み合わせでした。この組み合わせですと，「白人」人種の内部構造のみが問題となります。イタリア系か，ドイツ系か，あるいはユダヤ系かカトリック系かプロテスタント系かが問題となります。ところが，第二次世界大戦は太平洋戦争を含みますので，日本人，中国人，韓国人など黄色人種であるアジアの花嫁と連合国軍兵士という組み合わせが新たに加わったのです。もちろん連合国軍兵士には「白人」「黒人」だけでなく，フィリピンなどアメリカの統治下にあった人も含みます。

　日本人は「白人」と正式に結婚できなかったため，日本からアメリカへ移民した男たちは，本国から花嫁を呼び寄せるしかありませんでした。写真が大きな役割を果たし，Picture Bride（「写真花嫁」，「写婚妻」）と呼ばれる日本人女性が海を渡り日系社会の基礎をつくったことは，第4講で述べました。

　ところが戦争が終わると，大量の連合国兵士が占領統治下にあった敗戦国で，現地の女性たちと次々と恋に落ちていった，あるいは性的関係をもつようになりました。もちろん，米国政府側は，兵士とアジアの女性たちとの関係をきびしくコントロールしようとしていましたが，強い要請のもとアメリカ連邦議会は1945年12月28日に公法271号（戦争花嫁法：The War Bride Act）を採用しました。しかし，1924年のいわゆる排日移民法により「帰化不能な外国人」であるとされた日本人，朝鮮人（24年当時は日本人でしたが）は，この戦争花嫁法から除外されたため，アメリカ入国はできませんでした。敵国であった日本人の入国に対しては，戦争修了後もアメリカはきびしい態度をとっていたことがわかります。1946年6月いわゆるGIフィアンセ法（公法471号）が成立しますが，同じ理由で日本人の戦争花嫁には入国許可がおりていません。ようやく日本人妻の入国許可がおりたのは，「人種に関わりなく」配偶者の入国を認めた公法213号（別名，日本人花嫁法）が発令された47年7月22日でした。しかし，施行から30日以内に結婚したケースにのみ許可されるというきびしいものでした。[*]

　[*] 米国軍人関係者の妻あるいはフィアンセである日本人女性配偶者が入国を認められる経緯に

ついては，安富成良・スタウト梅津和子『アメリカに渡った戦争花嫁――日米国際結婚のパイオニアの記録』（明石書店，2005年）参照。

こうして，1944～50年の間に，15万～20万人のヨーロッパ女性が，5万～10万人のアジア女性がアメリカ兵士・軍属と結婚したといわれています［安富・スタウト梅津 2005：79］。しかし，1967年にアメリカ最高裁判所が「異人種間婚姻禁止法」は違憲であるという判決を下すまで，婚姻を認めない州も依然として存在していたのです。

この戦争花嫁を講義で取り上げるとき，私はNHKで1995年に放映されたドキュメンタリー番組『セツコとベリナ』を学生に見せます。セツコさんは，アメリカンインディアンと黒人の血をひくリモと恋に落ち，戦争花嫁としてアメリカに渡ります。娘ベリナさんは，セツコさんの友達である戦争花嫁を取材し，戯曲TEAを完成させ，アメリカでも日本でも上演されました。NHKの番組は，このTEAを軸にセツコさんとベリナさんを描き出しています。学生の多くが，アメリカで日本人が差別の対象になっていたことを知り，ショックを受けます。

1963年8月28日，アメリカの首都ワシントンDCで，黒人公民権運動の行進に25万人が参加しました。奴隷解放宣言（1863年）を出した合衆国第16代大統領であるリンカーン記念堂前で行われたマーティン・ルーサー・キング・ジュニア牧師による演説はあまりに有名です。当時，白人と黒人は同じアメリカ人でも，バスに乗るときはそれぞれ「専用」の席に座りました。レストランも，白人専用，黒人専用のドアがあり，有色人種の戦争花嫁は後者のドアから入りました。"I have a dream"，キング牧師の夢とは，自分の子どもの世代は，奴隷の主人であった子孫の白人も奴隷の子孫である黒人も，有色人種も同じテーブルに座ることができるという「夢」です。アメリカ国籍をもつ人々ですら，そのような「夢」を語っていた時代です。法律でいくら認められた結婚とはいえ，「黄色人種」のアジア人女性たちが，希望を胸に海を越えた先でどれだけ差別と偏見にさらされたかは，現代の日本人女性には想像もつかないでしょう。

有吉佐和子の小説に『非色』（角川文庫）があります。戦争花嫁としてアメリカに渡った日本人女性「笑子」を通して，差別はたんに「色」によるものでは

ないことを描き出しています。ほかにも戦争花嫁を扱った小説はあるのですが，社会が抱える差別の構造を冷徹なまでに描写する有吉の筆力は群を抜いています。

　第二次世界大戦は，白人男性を含む連合国軍兵士とアジア人女性との婚姻を正式な婚姻関係へと「昇格」させたといえます。白豪主義という強固なオーストラリアの白人優位政策を揺るがせ，戦争花嫁の第1号として上陸許可を得たのは日本人女性でした（コラム⓰参照）。「写真花嫁」から「戦争花嫁」へと，海を渡る女性が変化しました。異人種の女性が，「花嫁」としての地位を獲得できたことは，日本人女性を含めアジア人女性にとって大きなことだったのです。

戦勝国の男性による敗戦国の女性の支配
　戦争花嫁は売春婦というイメージが年配の方にはあるようです。林かおりさんほか著の『戦争花嫁—国境を越えた女たちの半世紀』（芙蓉書房出版，2002年）を演習で扱ったとき，早速，祖母に話を聞いてきた学生がいました。「あー，パンパンのことか」と祖母に言われ，売春婦をしていた人だけではないことをいくら学生が説明しても，祖母が抱く戦争花嫁の負のイメージを払拭することはできなかったと悔しそうに話してくれました。差別や偏見をもつことは悪いことだと頭でわかっていても，人間は，その意識から自由になることはむずかしいものです。

　そのような偏見・差別は，実は，女性たちが普段していることではないでしょうか。セツコさんは番組のなかで，当時アメリカ軍人に憧れを抱いたのは，今の女性たちが三高（高学歴・高収入・高身長）に憧れるのと同じだということを言っています。女性が，婚姻相手に自分の生まれ育った環境，すなわち自分の父親と同等かそれよりもちょっと上の社会・経済的地位の男性と結婚しようとする傾向を上昇婚（ハイパガミー）といいますが，恋愛の名のもとに，低学歴・低収入・低身長という条件の男性を「彼氏」からも「恋人」からもはずしてしまう。結婚という行為は，「差別と偏見」と隣り合わせなのです。

　戦勝国の男性による，敗戦国女性の「性」の支配（結婚であれ，売春であれ）

> **コラム⓰戦争花嫁**
>
> 本文でも紹介した林かおり・田村恵子・高津文美子『戦争花嫁―国境を越えた女たちの半世紀』（芙蓉書房出版，2002年）のほか，林かおり『私は戦争花嫁です―アメリカとオーストラリアで生きる日系国際結婚親睦会の女たち』（北國新聞社，2005年），植木武編『「戦争花嫁」五十年を語る―草の根の親善大使』（勉誠出版，2002年），安冨成良，スタウト・梅津和子『アメリカに渡った戦争花嫁―日米国際結婚パイオニアの記録』（明石書店，2005年）などがあります。
>
> オーストラリアの戦争花嫁第1号については，『チェリー・パーカーの熱い冬―オーストラリアの戦争花嫁第一号』（遠藤雅子著，コスモの本，1995年）があります。また，写真家，江成常夫は，『花嫁のアメリカ』（講談社文庫，1981年），『花嫁のアメリカ歳月の風景 1978-1998』（集英社，2000年），『シャオハイの満州』（新潮社，1988年）など，海を渡った花嫁を写真におさめています。

が，目の前で行われることは，敗戦国側の男性にとっては我慢のならないことであったでしょう。しかしながら，経済力のある男性による，経済力のない女性の「性」の支配と，何が異なるのでしょうか？　国際結婚と，その類似した男女関係の歴史からみえてくるものは，皆がタブーとして避けたい「性（セクシュアリティ）」の現実です。

敗戦後すぐさま日本政府がしようとしたことに，占領軍向けの性的慰安事業があります。特殊慰安施設協会（RAA）という組織は，日本人女性の一部を公娼として占領軍向けに差し出すことによって，一般市民の女性を占領軍による性的暴行から守ろうとした政策でもあるといわれています。＊読者の方には，徳川幕府が鎖国時代にした遊女差出政策や従軍慰安婦問題の延長線上にこのRAAも位置づけられることがおわかりいただけると思います。

　＊　占領期の性については，恵泉女学園大学平和文化研究所編『占領と性―政策・実態・表象』（インパクト出版会，2007年）参照。

敗戦直後の貧しさと飢えのなかで，朝日新聞（1945年8月29日付），毎日新聞（1945年9月3日，4日付）にこんな内容の新聞広告を見たとしたら，あなたでも応募するのでは？

　「新日本女性に告ぐ，戦後処理の国家的緊急施設の一端として，進駐軍慰安の大事業に参加する新日本女性の率先協力求む。ダンサーおよび女事務員募集，年齢18歳以

上25歳まで。宿舎，被服，食料全部支給」

　この日本政府考案の公娼制度は，半年あまりでGHQにより廃止されました。しかし，ニーズはあったわけですから，パンパンやオンリーという私娼が増加しました。学生のおばあちゃんが口にしたパンパンとは，連合国軍兵士に売春をしていた日本人女性のことをさします。オンリーと呼ばれると，それは1人の男性を相手にしていることを含意したようです。開港地，すなわち外国人居留地で遊女屋に籍をおいた素人の「遊女」が，外国人男性を相手に売買春したり，「妾奉公」したりしましたが，これらの女性はラシャメンと呼ばれました。歴史は繰り返されます。

　国家が正当とみなした男女関係，すなわち結婚という制度からはみ出た性的関係は，常に負のレッテルを貼られます。たとえ，婚姻関係という法的な関係になったとしても，その時代に一度つけられたレッテルをぬぐうことは，今になってもむずかしいことが，女子学生のおばあちゃんの記憶からも明らかです。両性を前提としたヘテロセクシャルな関係性は，常に結婚という国家に制度化された「合法的な関係」と，淫らである，不道徳であるというような「非合法的な関係」の峻別の対象です。そのような関係性がどちらに転がるのかは「紙一重」あるいは「紙一枚」（婚姻届か紙幣か）の問題といえるでしょう。現代では，その「紙一重」を保つモラルすら危ういのかもしれません。

　敗戦から60年の2005年。当時20歳ぐらいの女性は，単純に計算して80歳です。戦争花嫁として海を渡った女性たちも高齢化しています。「アメリカで一番不幸で孤独な花嫁」という烙印を押されてきた，そんな彼女たちの負のイメージを払拭しようと，戦争花嫁に関連する本が立て続けに出版されました（コラム❶参照）。レッテルを貼る人もいれば，はがそうとする人もいる。どのようなレッテルであれ，人生を真摯に生きてきた人のライフ・ヒストリーは，時空を超えて他の人の魂を揺さぶります。

　ただし，これらの本のインタビューに登場する，あるいは自ら手記を残す大半の女性たちは，名のりをあげられるだけの人生を送ってきた人であることに注意すべきです。そして，有吉佐和子が『非色』で描いた人々は，これらの本

にはなかなか救い上げられにくいことを心にとどめておきましょう。人間は誰だって蔑まされた記憶を，自分の不幸な過去を語りたくないものです。それらの記憶や過去を清算できる人々は，結果として人生の「勝ち組」である人々が多いのだということも考えながら，読む必要があるかと思います。アメリカでの結婚生活がどうであれ，花嫁として海を渡ることができた日本人女性は，幸せだったのかもしれません。なぜなら，結婚できたのですから。「結婚できなかった」女性たちの「不幸」の上に，彼女たちの「幸せ」をおくことも，差別・区別の意識が作動しています。比較しているときりがありません。しかし，きりがないことを自覚しておくことは大切なのではないでしょうか。

軍事基地と女性と子どもたち

　敗戦から1年が過ぎた1946年秋頃，東海道線に乗っていたら座席の網棚から細長い包みがぽろっと落ちてきて，それが新聞紙にくるまれた黒い嬰児の死体であることを発見した日本人女性がいました。その彼女に疑いの目が向けられました。当時40代半ばであった澤田美喜は，「出産したばかりかどうか身体検査してくれ」と反論し，逮捕を免れたそうです。彼女は，占領下日本で結婚にいたらなかった男女関係から生まれ，捨てられた子どもたちのために，孤児院エリザベス・サンダース・ホームをつくります。

　最初はマッカーサーにも掛け合いましたが，日本政府に相談しろという返事でした。孤児院建設のため資金集めに奔走していた頃，イギリス大使館から連絡がありました。40年間日本生活を続け終戦の年に逝去した英国人のエリザベス・サンダースさんが，40年間の貯金170ドルを英国教会の日本の事業に贈るという遺言をしていたというのです。澤田美喜も聖公会の会員でクリスチャンであったため，この170ドルは孤児院建設に奔走する彼女に寄付されました。孤児院には，最初の寄付をしてくださった方の名前をつけたのでした［澤田 2001：146-147］*。

　　*　子どもたちの「その後」から澤田美喜を描いた作品に，小坂井澄『これはあなたの母―沢田美喜と混血孤児たち』（集英社，1982年。集英社文庫，1988年）がある。

　1948年2月に拾われてきた子ども2人でスタートした孤児院で育った子ども

たちの数は，4年後には118人に達していたようです（澤田美嘉『混血児の母』）。当時「あいのこ」と呼ばれ，いじめの対象になった子どもたち。おそらく，今もその手のいじめはなくなったとはいえないでしょう。1952年8月の厚生省発表によれば，482人の混血児が全国106の施設で生活していました［加納 2007：224］。養子縁組をして，海外の新しい両親のもとで人生をスタートさせることができた子どもは300人弱だったそうです［「女と男の時空」編纂委員会編 1998：310-311］。

　1947年の東京で，マーフィ重松先生の日本人の母とアイルランド系アメリカ人の父とが出会いました。彼の著書『アメラジアンの子供たち─知られざるマイノリティ問題』（坂井純子訳，集英社新書，2002年）には，彼自身を含めアメリカ国籍をもつ親とアジア国籍をもつ親との間に生まれたすべての人をアメラジアンと定義するとしています。

　敗戦後，占領下の日本では多くのアメラジアンが生まれては，捨てられました。両親が正式に結婚しないで生まれてきた子どもたちは，無国籍になることがしばしばあります。1952年に日米安全保障条約が締結されて以降，現在でも米軍基地周辺では，国際結婚にいたる男女関係と，そうではない男女関係が連綿と続いています。それは，両親のそろっているアメラジアンと，そうではないアメラジアンも常に生まれ続けているということです。しかも，それは日本だけではありません。アメリカが軍事展開しているアジアの各国で起こり続けています。「アメラジアンの多くはアメリカ支配の直接の所産であり，こういうアメラジアンについての物語は，彼らが暮らす環境を支配する政治的・社会的力から生み出されるもの，つまり，その国，その土地に特有なものだ。しかし，アメラジアンがどこに住んでいようと，アメラジアン問題は人種・国籍上のアイデンティティ形成という問題をめぐり，政治的にも，社会的にも，また心理的にも緊張状態を引き起こしている。国籍の違う両親の間に生れたために，居住する政治的コミュニティにある種の問題を投じている」［マーフィ重松 2002：11-12］と指摘しています。

　2007年夏，韓国のウィジョンブ（議政府）にも米軍基地があり，その近くにあるNGOトゥレバンを，スタディ・ツアーで訪ねました。ウィジョンブにあ

るスタンリー米軍基地は,閉鎖されるため縮小されているそうですが,その周辺のバーで米兵相手に働いているのは,韓国人女性よりも外国人女性のほうが多いようでした。トゥレバンは,性産業に従事する女性の支援をしているNGOです。その周辺を歩くと,お腹の大きな東南アジア出身と思われる女性が,白人男性とのアメラジアンであろう子どもを連れて坂を登っていきました。アジアの軍事基地周辺で働いているのは,その土地の人とは限りません。米軍基地の移転にともなって,移動する人々も含まれています。

戦争博物館に何を展示するか—結婚の軍事化と脱軍事化

シンシア・エンローは邦題『戦争の翌朝—ポスト冷戦時代をジェンダーで読む』の中で,彼女が戦争博物館をつくるとしたら,売春宿を再現するだろうといっています。

> 売春宿。私の戦争博物館には,軍の売春宿を再現するだろう。そこには将校用,兵士用の部屋がある。白人兵用と黒人兵用のドアは分けられている。主人のマネキンは隅に目を光らせて座っている。男かもしれないし,女かもしれない。地元のものもいれば外国人もいる。兵士にサービスをするのは,ヨーロッパ人やベルベル人,ナミビア人かプエルトリコ人だ。あるいは,韓国人,フィリピン人,日本人,ベトナム人,アフリカ系アメリカ人,インド人だろう。　　　　　　　　　　［エンロー 1996：158］

このエンローの戦争博物館の展示企画案は,第4講で紹介したイギリスの植民地インドで勤務したイギリス人将校の性的告白に似ていませんか？　植民地主義であれ,アメリカ帝国主義であれ,エンローによれば,性行為そのものが日常的に男らしさと女らしさを構築するもののひとつであり,その構築はアメリカの軍事展開が国際的であるように,地球上を覆います。

「売春という仕事」から抜け出すには,結婚が最も近道です。しかし,その結婚ですらも,エンローによれば軍事化されているといいます。

> 国家の安全保障や家庭内の安全を求めるだけでなく,住宅や医療を求めて結婚した女性が,夫に依存する程度に応じて,その結婚は軍事化される。兵士(や退役兵)と結婚した女性が,自分は,自国の政治的出来事に対して自分自身の権利を持った自律した公的行為者だと考えるなら,あるいは,夫の上官の評価を気にせずに,自らのキャ

リアとして追及するような有給の職業についているならば，その結婚を脱軍事化していることになる。　　　　　　　　　　　　　　　　　　　　　　　　［エンロー 2006：219］

　軍用売春に絡むのは，米兵と基地周辺の女性というような単純な構造ではありません。売春で生計を立てざるをえない女性には，貧困や自らの親による虐待，夫がつくった借金など複雑な問題があります。軍事基地を提供しなければならない自治体には，地方と中央という構造的な悩みと経済的問題があります。アメリカに安全を守ってもらわなければならない国家のなかには，いくら経済力はあっても，敗戦国であったり，軍事力を増強できない国であったりして，政治と金の問題はここでも絡みます。さらに，アメリカ兵として世界各国に送られる兵士のなかには，高校をドロップ・アウトしたけれど，アメリカ社会の底辺から脱出しようとして志願した若者や，あるいは兵士にリクルート（もともと徴兵という意味です）された男性など，アメリカ社会の貧困という問題もあります。

　エンローも日本の従軍慰安婦問題を取り上げていますが，ポスト冷戦時代の今日であっても，地球規模で展開する男女の関係性は，その国の歴史，地理的条件，人種，文化，経済力，軍事力などさまざまな要因に規定されながら続いています。それはけっして他人の問題ではなく，男女関係を結婚という制度を通して普通に家庭をもちたいと願う人々の問題でもあるのです。なぜなら「安全」は，無料(タダ)ではないからです。

戦争花婿⁉

　戦争で南洋諸島に兵士として向かった日本人男性のなかには，終戦後，日本に戻ることなく，現地の女性と結婚し留まった人々もいます。長洋弘著『帰らなかった日本兵』（朝日新聞社，1994年）は，日本の敗戦後，インドネシアの独立戦争に参加した残留元日本兵の戦後を描いています。戦争花嫁に対して「戦争花婿」の存在はあまり知られていません。近年では1984年生まれの慶応大学生，林英一さんが書いた『残留日本兵の真実―インドネシア独立戦争を闘った男たちの記録』（作品社，2007年）という労作があります。

6　戦争と国際結婚

111

戦争で生きて帰ってくるのは恥ずかしい，という意識は，フィリピンのルバング島で敗戦を信じることができず30年余りも戦い続けた小野田少尉こと小野田寛郎さんや，1972年にグアムで発見された横井庄一さんを例にあげると，それがいかに強いものであったかということがわかります。特に，「横井庄一，恥ずかしながら帰って参りました」という帰国したときの言葉は，戦時下の教育を物語るものだと思います。

　戦後生まれの団塊の世代が，退職する時代。戦争の記憶を残した人も少なくなります。あなたの祖父母の戦争体験を，聞いてみてください。戦争を経験しなくてはならなかった時代に青春を送らざるをえなかった方々からのお話のほうが，私の講義を聞くよりはるかにあなたの心に残ると思います。この講義をきっかけに，1人でも多くの学生さんが，祖父母の青春時代に耳を傾け，対話が始まることを願っています。

　日本国憲法の第9条がどう改正されるかで，あなたの息子や夫がまた戦場に駆り出される日がくるかもしれないのです。未来のために，過去との対話を始めましょう。

【参考文献】
有吉佐和子［1967］『非色』角川書店（角川文庫，1993年）
植木武編［2002］『「戦争花嫁」五十年を語る―草の根の親善大使』勉誠出版
江成常夫［1981］『花嫁のアメリカ』講談社（講談社文庫，1984年）
江成常夫［1986］『花嫁のニッポン』講談社
江成常夫［1988］『シャオハイの満州』新潮社（新潮文庫）
江成常夫［2000］『花嫁のアメリカ歳月の風景1978-1998』集英社
遠藤雅子［1995］『チェリー・パーカーの熱い冬―オーストラリアの戦争花嫁第一号』コスモの本
エンロー，シンシア／池田悦子訳［1999］『戦争の翌朝―ポスト冷戦時代をジェンダーで読む』緑風出版
エンロー，シンシア／上野千鶴子監訳・佐藤文香訳［2006］『策略―女性を軍事化する国際政治』岩波書店
奥田安弘［1996］『家族と国籍―国際化の進むなかで』有斐閣（補訂版2003年）
「女と男の時空」編纂委員会編［1998］『年表・女と男の日本史　女と男の時空―日本女性史再考　別巻』藤原書店
加納実紀代［2007］「『混血児』問題と単一民族神話の生成」恵泉女学園大学平和文化研究所編『占領と性―政策・実態・表象』インパクト出版会

ガントレット恒子［1921］「万国婦人参政権大会報告」『婦人新報』281
ガントレット恒［1989］『七十七年の想ひ出―伝記・ガントレット恒子』（伝記叢書68）大空社（初版上村書店，1949年）
木村毅［1976］『（普及版）クーデンホーフ光子伝』鹿島出版会（1971年初版，1976年普及版）
恵泉女学園大学平和文化研究所編［2007］『占領と性―政策・実態・表象』インパクト出版会
ゴードン，ベアテ・シロタ／平岡磨紀子構成・文［1995］『1945年のクリスマス―日本国憲法に「男女平等」を書いた女性の自伝』柏書房
小坂井澄［1982］『これはあなたの母―沢田美喜と混血孤児たち』集英社（集英社文庫，1988年）
澤田美喜［1953］『混血児の母―エリザベス・サンダース・ホーム』毎日新聞社
澤田美喜［2001］『澤田美喜 黒い肌と白い心―サンダース・ホームへの道』日本図書センター
クーデンホーフ光子／シュミット村木眞寿美編訳［1998］『クーデンホーフ光子の手記』河出書房新社
溜池良夫［1952］「妻の国籍について」『法学論叢』（京都大学）58(1)
長洋弘［1994］『帰らなかった日本兵』朝日新聞社
辻村みよ子［1997］『女性と人権―歴史と理論から学ぶ』日本評論社
二宮正人［1983］『国籍法における男女平等―比較法的一考察』有斐閣
林英一［2007］『残留日本兵の真実―インドネシア独立戦争を戦った男たちの記録』作品社
林かおり・田村恵子・高津文美子［2002］『戦争花嫁―国境を越えた女たちの半世紀』芙蓉書房出版
林かおり［2005］『私は戦争花嫁です―アメリカとオーストラリアで生きる日系国際結婚親睦会の女たち』北國新聞社
マーフィ重松スティーブン／坂井純子訳［2002］『アメラジアンの子供たち―知られざるマイノリティ問題』集英社新書
松倉真理子［2002］「もう一人の婦人運動家―ガントレット恒子（1920年代における）」『キリスト教社会問題研究（同志社大学人文科学研究所）』51
松本清張［1987］『暗い血の旋舞― Mitsuko』日本放送出版協会（文藝春秋，1991年）
南川三治郎［1997］『クーデンホーフ光子―黒い瞳の伯爵夫人』河出書房新社
安冨成良・スタウト梅津和子［2005］『アメリカに渡った戦争花嫁―日米国際結婚パイオニアの記録』明石書店
柳井健一［2004］『イギリス近代国籍法史研究―憲法学・国民国家・帝国』日本評論社
大和和紀［1999］『レディーミツコ 大和和紀自選集５』講談社（『別冊少女フレンド』1975-76年連載）
吉田直哉［1997］『蝶の埋葬―クーデンホーフ・ミツコ伝説』岩波書店

【事　典】
『岩波 女性学事典』岩波書店，2002年

おわりに

　国際結婚研究をしていると言うと，必ず，国際結婚しているのかと聞かれます。2001年に出版した本の「あとがき」にも書きましたが，結婚そのものをしていません。「じゃあ，やってみてはいかがですか」と必ず，セクハラをされます。短大生に結婚しているかどうかを聞かれ，「していない」と答えると「あ，ごめんなさい」と言われたことすらあります。謝られると，人間存在そのものを否定された気分になります。「ああ，やっぱり」よりこたえます。

　なぜ人間は，そこまで「結婚」にこだわるのでしょうか。国境を越えてまで「結婚」という制度に，なぜ自らを絡めとられようとするのでしょうか。なぜ，「結婚」以外の関係性に走ることもあるとわかって，わざわざ「結婚」という檻の中に入ろうとするのか。逆に，共同体（村であれ，国家であれ）は，何ゆえにセクシュアリティ(性)を「結婚」という制度に閉じ込めようとするのでしょうか。私は，結婚そのものに興味があるのではなく，結婚に追い込み，追い込まれる仕組みに興味があるのです。

　この「なぜ」を追求すると，「結婚」からロマンスも愛もふっとんでしまうので，普通に結婚したい人にはオススメしません。「結婚」したければ，熱に浮かされているうちにしとかなきゃ，ダメです。それでも，21世紀の日本の課題の1つは，まちがいなく「結婚」になるでしょう。本書は，国際結婚の歴史を紐解くことで，「結婚」を客観視してみる手助けをするだけで，実践編ではありません。

　講義科目「国際結婚論」は，やる気のある学生しか相手にしないという私の教育方針のため，金曜日の1限，8時50分から始まります。大学コンソーシアム京都にこの科目を提供しています。10月頃までは，クラスに入りきらないほど受講者がいるのですが，学園祭のある11月頃から学生は脱落していきます。冷え込む寒い朝，布団から抜け出すのがだんだんおっくうになるからです。

　そんな学生に朗報です！　『国際結婚論!?』が法律文化社のご好意により，歴史編と現代編として2冊になりました。歴史編で脱落しそうな学生は，1冊

ですみます（!?）。こうして，試験までたどりつく学生は20人いるか，いないかです。試験範囲が江戸から現代までですから，全部出席していた学生ですら，試験を受けないこともあるのです。もったいない。試験結果は，90点以上が続出します。教科書さえ2冊買ってしっかり読めば，（講義に出なくても？）90点は簡単に取れるのではないでしょうか。

　しかし，問題は点数じゃないのです。パワー・ポイントを使いながら，新幹線スピードで講義する「語り」に接し，「そうだったのか！」「へえ！」「まじ？」と毎回，頭のなかに「!?」が浮かぶことが大事なのです。学生の顔を見ていたら，だいたいわかります。私はビックリ・マークと呼んでますが，正式名称，エクスクラメーション・マーク（!）やクエスチョン・マーク（?）が点灯するだけでいいのです（ただし，試験は公正に点数化しています）。

　その思いは，最終的に『国際結婚論!?』という本書のタイトルになりました。教科書らしくない，お行儀がいいとはいえないけれど，品格は落とさない本を作りたいという思いを，カッコイイ大人の女編集者田靡純子さんがドンと受け止めてくださらなかったら，本になりませんでした。講義は，ミュージシャンがライブをするようなもので，お客（学生）の顔がのっていると，こちらもいいパフォーマンスをしようと，相乗効果。しかし，本は，ライブではなく，1人でCDを聴くようなものですから，その反応が私には伝わりません。唯一，本の「売れ行き」だけがバロメーターです。田靡さんががっかりしないことを祈っています。

　大学院に進学した田中めぐみさんが，本書を何度もチェックし，「女子学生にわかりやすい本」作成のアドバイスをしてくました。「先生，この文章，悪文です！」とダメダシをしてくれる貴重な存在です。「あ，そう。じゃ，書き直してくれる？」　先生は，こうして学生に育てられながら，学生を教育しています。「ここはもうちょっと説明がないと，近現代史は弱いから，わからないと思います」「この挿絵を入れませんか？　わかりやすいでしょう！」と得意満面で，図表を持って来てくれたりしました。本当にありがとう。

　田中さんは，最初は，散らかり放題の研究室を整理整頓するために来てくれたのですが，飛んで火にいる夏の虫。私の講義を受けたことがきっかけで，彼

女は歴史編で紹介したガントレット恒の研究を始めました。指導教員は私ではなく，史学科の坂口満宏先生です。彼女は，私と坂口先生が自分をガントレット研究に「ハメタ」（なんて人聞きの悪い言い方でしょう！）のだと勘ぐっていたことがあります。断じて，そんなことはありません。ガントレット恒の『七十七年の思ひ出』を見せて解説したとたん，パクッと食いついたのは彼女です。私の研究室には彼女持参のファイルがあります。坂口ゼミで発表したレジメをわざわざ余分にコピーし，そのたびにそのファイルに収めに来るのです。一度たりとも，そうしてくれと要求したことはありません。自主的にやっているのです。教師冥利につきます。

他大学から，また海外からも，国際結婚について問い合わせがあります。しかし，何も書籍や論文を読まずに情報だけを得ようとする人には，門前払いをします。感情だけをぶつけるような方には対応できません。あらかじめご了承願います。

少なくとも，現代社会学部ではコワイ，キビシイ，キツイの３Ｋゼミで有名な私に，なぜアクセスするのかを，５Ｗ１Ｈできちんと説明できた方には親切・丁寧に答えます。

嘉本ゼミに入って３カ月の学生は，お母様に「最近，なぜ，なぜ，と言うようになったのは，なぜ？」と聞かれたそうです。彼女は，自らの卒論テーマにハマリつつあります。テーマは，何でもいいのです。親でも，バイト先の友達でも，カレシでも，この本がきっかけで「なぜ？」が広がってくれたら，嬉しく思います。

あなたも子どもの頃，親になぜなぜ攻撃をしていたハズです。いつから，しなくなったのでしょうか。いつから，先生が求める答えだけを答えようとするようになったのでしょうか。私の言うことが「絶対」だと思う学生が，一番私の苦手な学生かもしれません。実は，日本の教育システムでは優等生タイプに多いのです。

答えは，たくさんあるのです。そのなかから選んだ理由は，なぜか。それは，隣に座っている学生の理由とも，先生の理由とも異なっていていいのです。日本の教育システムに慣らされてきた学生にとって，皆と異なる意見を表明する

という訓練はキツク，キビシイものです。でも，痛い思いをしないと成長しないのが，人間ではないでしょうか。なぜクエスチョンが，時として自分自身を突き詰める作業になるということにうすうす気がついたとき，「なぜ？」に踏み入れられなくなり，コワイと感じます。自分の考えを述べることに苦手意識を抱く学生がぶつかる壁です。特に優等生は，なかなか優等生であるという壁を崩せないようで，しまいには殻に閉じ込もって固まってしまう人もいます。ところが，なんらかの拍子に（こればっかりは，人によってどのタイミングでくるか予想がつかないのですが）殻をやぶって，自分自身ときちんと向き合えたとき，「なぜ？」がオモシロクなります。

　ゼミ生の大半が真剣であればあるほど，そのゼミのレポートの質はおもしろいように上がります。これは，ライブでなければ体感できません。ですから，いいゼミ生が集まったときは，私もお礼をいいます。楽しかったよ！　ありがとう！

　一皮むけると，「なぜ？」はまた，レベルの上がった「なぜ？」に発展します。「なぜ？」に終わりはありません。だから，怖くもあり，オモシロクもあるのです。

　「なぜ？」すべては，そこから始まる，はず。

　　北京オリンピックのあった2008年
　　　　　　　　　　　源氏物語千年紀の京都にて　嘉本　伊都子

年　表

西暦	元号	主な出来事
1517		（欧）ルター宗教改革
1534		（英）ヘンリー8世首長令／英国国教会首長へ／絶対君主制
1600	慶長2	ウィリアム・アダムズ豊後に漂着／関が原の戦い
1603	慶長8	徳川家康，江戸幕府開府
1633	寛永10	海外渡航者の帰国を制限※1
1635	寛永12	日本人海外渡航の禁止※1
1636	寛永13	「南蛮種子」をマカオに追放／出島の完成
1639	寛永16	「紅毛種子」をジャカルタに追放／ポルトガル人の来航禁止※1
1641	寛永18	オランダ人を長崎の出島に移す
1689	元禄2	唐人屋敷の完成，唐人屋敷への「遊女」差し出し
1715	正徳5	「唐人・阿蘭陀人の子，粗略に養育すべからず」／宗門（改人別）帳の形骸化
1775		（米）～1783年　アメリカ独立戦争
1783		（米）アメリカ合衆国の独立承認
1789		（仏）～1799年　フランス革命／人権宣言
1804		（仏）ナポレオン法典
1823	文政6	シーボルト，オランダ商館の医員として来日
1827	文政10	シーボルトと遊女お滝の子「オランダおいね」生まれる
1828	文政11	シーボルト事件
1837		（英）民事婚が確立／ヴィクトリア女王1837～1901
1840		（中）～1842年　アヘン戦争
1853	嘉永6	ペリー来航
1854	安政元	「日本総船印は白地日の丸」／各国と和親条約
1857	安政3	ハリス下田条約締結（領事裁判権はアメリカ側のみ）／「唐人お吉」
1858	安政4	安政の五カ国条約（日米修好通商条約／蘭・露・英・仏とも）
1859	安政5	「ラシャメンおちょう」
1861	文久元	英公使が日本人従業員を海外（香港）随行の願い
1863		（米）リンカーン大統領による奴隷解放宣言
1866	慶応2	旅券の発行→「対外的日本人」の成立。川路太郎と旅芸人
1867	慶応3	英国領事の問い合わせ→「国際結婚」公認の方向へ
1868	明治元	～1869年　戊辰戦争／明治維新
		（米）国籍離脱は天賦固有の権利
1869	明治2	東京招魂社→79年靖国神社へ／蝦夷地→北海道と改称／開拓事業の開始
1870	明治3	（英）帰化法制定（初めて英国臣民の国籍離脱を認める。妻は夫の国籍へ）
1871	明治4	戸籍法・廃藩置県／日清修好条規／岩倉具視外使節欧米派遣
		（台）琉球漁民殺害事件
1872	明治5	壬申戸籍→「対外的日本人」の成立＝「家」の箱／英国領事から国際結婚に関する2度めの問い合わせ
1873	明治6	「私生子」法・内外人民婚姻条規成立※2／徴兵令公布
1874	明治7	森有礼「妻妾論」／征台の役

119

西暦	元号	主な出来事
1875	明治8	千島・樺太交換条約（樺太処分）／徴兵令改正（国民皆兵）／明治8年12月9日太政官第209号：戸籍への届出主義の規定／小笠原調査団派遣，日本領土宣言／江華島事件
1876	明治9	日朝修好条規
1877	明治10	小笠原諸島外国人の「帰化」（日本人妻2人）
1879	明治12	琉球藩から沖縄県へ（琉球処分）
1880	明治13	北海道開拓使雇入清国人の「帰化」 （米・カリフォルニア州）異人種間婚姻禁止法
1881	明治14	ハワイ国王来朝
1882	明治15	法律上の「妾」の消滅／小笠原諸島全外国人移民，日本国籍に入籍←本土移住は不可
1884	明治17	高橋義雄『日本人種改良論』
1885	明治18	太政官を廃し新たに内閣制度制定
1887	明治20	クララと梶梅太郎の結婚
1889	明治22	大日本帝国憲法発布（〜明治25年 民法典論争）／皇室典範発布／田口卯吉「國際結婚論」
1890	明治23	ブリンクリー英国で勝訴
1893	明治26	ヘンリー・ジェームス・ブラック「婿養子の誓約書」にサイン
1894	明治27	〜1895年 日清戦争 （李氏朝鮮）甲午農民戦争（東学党の乱）
1895	明治28	下関条約 遼東半島・台湾・澎湖初等割譲（三国干渉で遼東半島還付） ラフカディオ・ハーン入夫／青山光子とクーデンホーフの結婚許可
1897	明治30	台湾総督府設置 （李氏朝鮮）大韓帝国と改める
1898	明治31	戸籍法（明治31年法律第12号）施行／民法（法律第9号）・法例施行／外国人民ト婚姻ヲ許スノ条規（明治31年法律第21号） 山田恒（子）とエドワード・ガントレットの結婚
1899	明治32	北海道旧土人保護法／国籍法公布・施行／法権回復※2／〜01年（中）義和団事件（北清事変）
1902	明治35	日英同盟協約
1904	明治37	〜1905年 日露戦争／プッチーニのオペラ『マダム・バタフライ』初演
1905	明治38	ポーツマス条約，樺太北緯50度以南割譲／満洲軍総司令部設置，「関東州」（租借地）
1906	明治39	南満洲鉄道株式会社設立／伊藤博文，韓国統監府の初代統監
1907	明治40	日露・日仏協約
1908	明治41	（米・シアトル）排日運動／（米・カリフォルニア）日米紳士協定
1909	明治42	伊藤博文，ハルビンで暗殺 （大韓）民籍法（1909年旧韓国法律8号）
1910	明治43	韓国併合。朝鮮総督府設置，朝鮮教育令
1911	明治44	関税自主権の確立（対米・英・独） 12月21日：「国際結婚」という言葉をその当事者が使用した最初の例 （中）辛亥革命→中華民国成立
1912	大正元	朝鮮民事令（3月18日制令7号，4月1日施行）民事に関する日本の法律の主要なものが朝鮮にも適用される。ただし，家族法は朝鮮の慣習に従う／清朝滅ぶ
1913	大正2	（米・カリフォルニア）外国人土地所有禁止法（いわゆる排日土地法），（加）カナダ日本人の渡航を制限
1914	大正3	〜1918年 第一次世界大戦

西暦	元号	主な出来事
1918	大正7	米騒動 （英）帰化法の改正
1919	大正8	李垠の父，朝鮮王朝高宗突然急逝／朝鮮万歳事件（三一運動）
1920	大正9	内鮮融和の象徴：李垠と梨本宮方子の結婚／国際連盟に正式加入（→1933年脱退，35年発効） ガントレット恒（子），矯風会ロンドン大会，ジュネーブでの万国婦人参政権協会ジュネーブ大会参加 （米）写真花嫁禁止
1921	大正10	朝鮮総督府令第99号「朝鮮人と内地人との婚姻の民籍手続に関する件」（朝鮮人男と日本人女との間の婚姻規定 但 内鮮結婚促進法ではない）／日英同盟廃棄
1922	大正11	第2次朝鮮民事令改正（1922年第11令第13号）
1923	大正12	朝鮮戸籍令（朝鮮総督府令第154号）7月1日施行（内地と同じ届出主義へ。ほぼ日本の戸籍法と同じ仕組みの制度を採用）／関東大震災→朝鮮人虐殺事件／金子文子・朴烈大逆事件／（欧）「汎ヨーロッパ」提唱リヒャルト・クーデンホーフ
1924	大正13	（全米）排日移民法
1925	大正14	普通選挙法・治安維持法公布
1927	昭和2	金融恐慌
1928	昭和3	ベアテ来日（山田耕筰の招きで音楽家レオ・シロタ来日）
1929	昭和4	（米）NYウォール街株価暴落→世界恐慌
1930	昭和5	（蘭）ハーグ条約（第1回国際法典編纂会議）「国籍の抵触に関する条約」
1931	昭和6	柳条湖事件（満州事変）：1931～45年の対中戦争を「15年戦争」という 「日鮮融合」「内鮮融和」：李徳恵・宗武志結婚（50年離婚），李鍵公・松平佳子結婚（51年離婚）
1932	昭和7	5.15事件（犬養毅首相暗殺）／～1945年「満洲国」建国（執政，溥儀）／国際連盟リットン調査団→満洲国否認
1933	昭和8	日本国際連盟脱退通告／皇太子（明仁親王）誕生 （英）帰化法改正，夫婦国籍独立主義へ
1934	昭和9	満州国帝制実施（溥儀，皇帝となる）
1936	昭和11	2.26事件／南次郎朝鮮総督（1936～41年）内鮮融和から内鮮一体へ （独）ベルリン・オリンピック
1937	昭和12	～1945年 日中戦争（盧溝橋事件） （満）溥儀の弟溥傑と嵯峨浩の結婚。朝鮮人に対し「皇国臣民の宣詞」
1938	昭和13	国家総動員法／満洲開拓青少年義勇軍第1次募集／朝鮮へ「陸軍志願兵令」
1939	昭和14	国民徴用令／価格統制令／賃金統制令／興亜奉公日（毎月1日，節約貯蓄強制）／1938～39年『家の光』『主婦乃友』「満州ブーム」／～1945年 第二次世界大戦 （独）独軍，ポーランド侵攻
1940	昭和15	第3次朝鮮民事令改正・施行「制令第20号 朝鮮人の氏名に関する件」など→創氏改名（1940年2月11日）／日独伊三国同盟／「贅沢は敵だ」
1941	昭和16	真珠湾攻撃（～1945年 太平洋戦争）
1942	昭和17	小泉菊枝『満洲少女』（全国書房）
1943	昭和18	（泥沼化する戦局：ミッドウェー海戦で敗北，ガダルカナル島撤退など）
1944	昭和19	学徒勤労令／女子挺身勤労令，2月10日公布「朝鮮女子青年練成所規定」（朝鮮総督府令35号）
1945	昭和20	ポツダム宣言受諾。終戦の詔書，無条件降伏／マッカーサー，占領軍最高司令官に着任／日本政府，特殊慰安施設協会（RAA）設立 8月→半年後GHQにより廃止 （米）公法271（戦争花嫁法）日本人は「帰化不能な外国人」として対象外

西暦	元号	主な出来事
1946	昭和21	日本国憲法発布（男女平等，戦争放棄） （米）公法471（GIフィアンセ法）日本人花嫁入国許可下りず
1947	昭和22	（米）公法213（日本人花嫁法）「人種にかかわりなく」配偶者の入国を認めたが，施行から30日以内に結婚したケースに限定
1948	昭和23	澤田美喜，エリザベス・サンダース・ホームを設立 朝鮮民主主義人民共和国・大韓民国成立
1950	昭和25	～1953年 朝鮮戦争
1951	昭和26	「日本国との平和条約」（通称，サンフランシスコ平和条約）／日米安全保障条約
1953		朝鮮戦争，板門店（北緯38度線）を軍事境界線として休戦協定
1959	昭和34	日本赤十字朝鮮帰還事業
1963	昭和38	有吉佐和子「非色」を『中央公論』に連載（～1964年） （米・ワシントンDC）黒人公民権運動の行進，キング牧師の演説
1965	昭和40	日韓基本条約
1967	昭和42	（米）アメリカ最高裁判所「異人種間婚姻禁止法」に違憲判決
1972	昭和47	沖縄本土復帰／日中国交正常化／横井庄一さんグアムで発見
1979	昭和54	国際人権規約日本批准
1981	昭和56	「中国残留孤児問題」身元調査のため集団来日開始
1987		（韓）民主化運動
1988		（韓）ソウル・オリンピック
1990		（韓）海外渡航の自由化
1992	平成4	外国人登録法の改正（施行1993年），指紋押捺制度廃止
1997	平成9	北海道旧土人保護法改正→アイヌ文化振興法成立

※1　1633～39年：寛永の鎖国令。39年をもって鎖国の完成とすることが多い。
※2　1873～99年：分限主義時代の「国際結婚」（本書にて規定）。

■著者紹介

嘉本 伊都子(かもと いつこ)

1966年：丙午（ひのえうま）　鳥取県米子市生まれ
1997年：アジア通貨危機の年　総合研究大学院大学文化科学研究科国際日本研究専攻
　　　　博士課程修了，博士（学術）。日本学術振興会海外派遣研究員（ロンドン大学〔School of Oriental and African Studies, Japan Research Center〕）などを経て，
2001年：同時多発テロの年　京都女子大学現代社会学部専任講師として就任．現在，准教授．

専　攻　社会学

【主な著書】『国際結婚の誕生―〈文明国日本〉への道』（新曜社，2001年）
　　　　　　第1回日本社会学会奨励賞（著書の部）をビギナーズ・ラックで受賞．

2008年11月5日　初版第1刷発行

国際結婚論⁉【歴史編】

著　者　嘉本伊都子
発行者　秋　山　　泰
発行所　株式会社　法律文化社
〒603-8053 京都市北区上賀茂岩ヶ垣内町71
電話 075(791)7131　FAX 075(721)8400
URL:http://www.hou-bun.co.jp/

Ⓒ 2008 Itsuko Kamoto Printed in Japan
印刷：共同印刷工業㈱／製本：㈱藤沢製本
装幀　白沢　正
ISBN 978-4-589-03118-1

国際結婚論!?【現代編】

A5判・186頁・1995円

嘉本伊都子 著　男と女の関係を通して，現代の日本社会，国際社会を読み解く。家族や女性をめぐる労働の変化，東アジアの国際結婚の実態を検証しながら，いまを生きる私たち自身を考える。

〈目　次〉

はじめに：国際結婚論!?／最高の生活とは日本人を妻にすること？／本書のオススメ活用法

❶ 情報リテラシーとレポート得点アップの秘訣
　　表を読み解くエクササイズ／国際結婚件数の推移で Let's try！／レポート得点アップの秘訣

❶ 日本の家族変容と国際結婚
　　第Ⅰ期：なぜ高度経済成長期に国際結婚は増加しなかったのか？／第Ⅱ期：低成長時代と地方からの女性流出／第Ⅲ期：バブル期とライフスタイル選択の自由／第Ⅳ期：バブル崩壊と入管法改正／第Ⅴ期：「家族の戦後体制」へのパラサイト化とその限界

❷「主婦業」の外国人女性化
　　日本人男性の国際結婚／日本政府が許可する「主婦的仕事」・「娼婦的仕事」／今後増大するであろう主婦的仕事？

❸ アジア系ブライドの市場的価値!?
　　日本人女性が結婚に求める条件・求められる条件／花嫁は通販で／日本人花嫁／ヤマトナデシコ幻想とハイパガミー

❹ グローバル時代の家族形成
　　女子学生の夢みる家族形成／女性のライフ・コース別生涯賃金格差

❺ 東アジアの中の日本―韓国と台湾，そして中国
　　1985年は転換点／台湾の国際結婚／韓国の国際結婚／中国の男性はどうするのか？

❻「ママは外国人」であるということ
　　同一労働同一賃金？／あなたの子どもが学校に通う頃／ドメスティック・ヴァイオレンスの増加

補〈子ども〉を通してみる国際結婚の歴史
　　国際結婚とインターマリッジ／人種と民族／エスニシティ／混血と「あいのこ」／社会進化論者の国際結婚への賛否／「ハーフ」・「国際児」という和製英語／クロス・カルチュラル・キッズ

国際結婚関連文献リスト／おわりに／年表

城　忠彰・堤かなめ編
はざまに生きる子どもたち
日比国際児問題の解決にむけて
四六判・208頁・2100円

日比国際児の多くが，いま「棄民」の状態にある。この問題の背景と現状，救済の方向を多面的かつ学際的に検証し，考える。日本のあり方，私自身の生き方を考える書でもある。

井上洋子・古賀邦子・富永桂子・星乃治彦・松田昌子著
ジェンダーの西洋史〔改訂版〕
A5判・236頁・2415円

仏・英・米・独・露の5カ国の18世紀から今日までを対象に，参政権の獲得や法的地位の保障など女性の人権確立を指標に展開。1990年以降の各国と国際的取り組みの状況や課題を加筆。

伊田広行編著
セックス・性・世界観
新しい関係性を探る
四六判・210頁・1995円

同性愛やトランスジェンダー，フェミニズムの視点を基礎に「性」を考えるなかで，日常の人間関係やライフスタイルを見直し，新しい時代の生きる指針―個人を基礎にした世界観―を探る。

法律文化社

表示価格は定価（税込価格）です

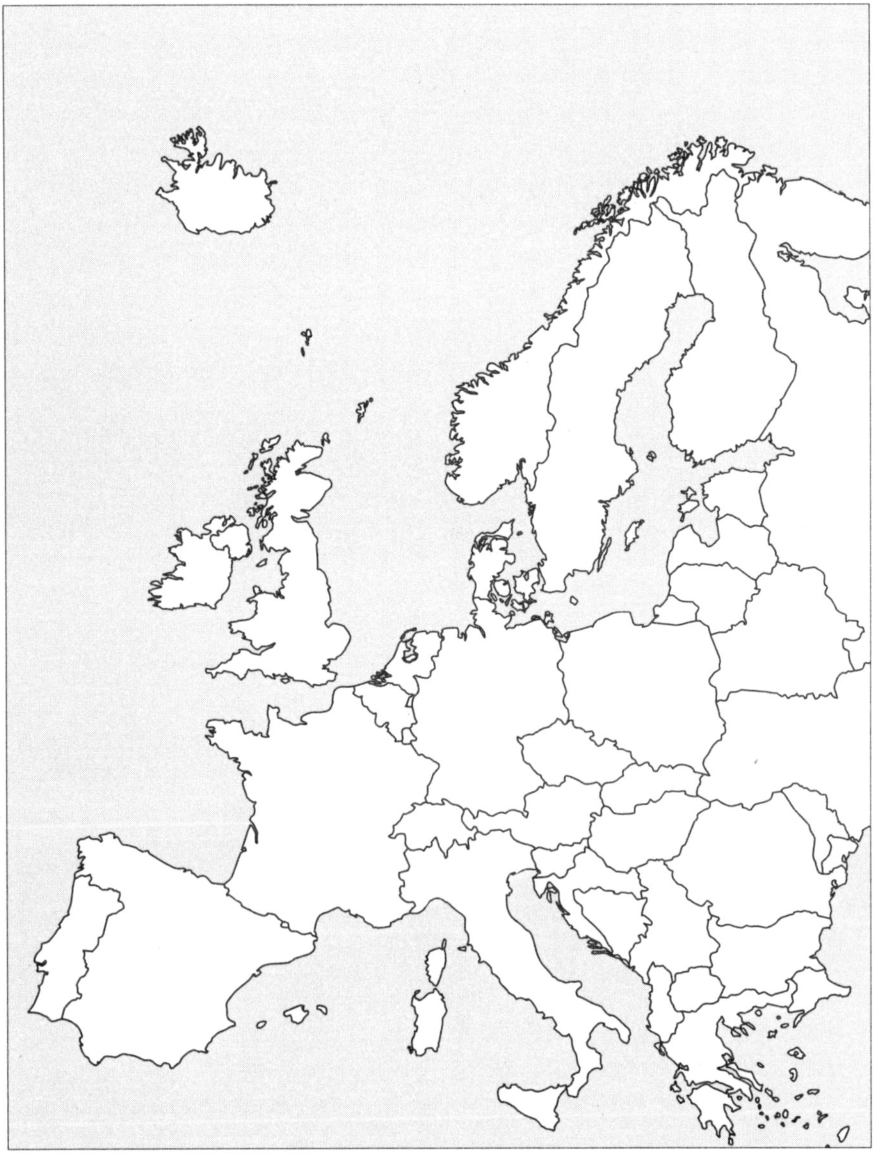